De Zoete Verleiding 2023

Het Ultieme Cakeboek

Anna Bakker

inhoud

slagroomtaartjes 11

Deense vla taarten 12

Vruchtentaarten 13

Genuese taart 15

gember cake 16

jam taarten 17

Walnoten taart 18

Taart met appels en walnoten 19

Gainsborough-cake 20

Citroentaart 21

citroentaartjes 22

Oranje taart 23

Peren taart 24

Taartje van peer en amandel 25

Koninklijke rozijnentaart 27

Taart met rozijnen en slagroom 29

Strawberry Shortcake 30

melasse taart 32

Taart met walnoten en melasse 33

Amish Shoo-fly Cake 34

Boston-roomplak 35

Amerikaanse witte bergtaart 36

Amerikaanse karnemelktaart 38

Caraïbische rum-gembercake 39

sacer taart 40

Vruchtencake met Caribische rum 42

Deense botercake 44

Deense kardemom 45

Gateau Pithiviers 46

koning taart 47

karamel crème 48

Gügelhopf 49

Gugelhopf luxe chocolade 51

Gestolen 53

gestolen amandelen 55

gestolen pistachenoten 57

baklava 59

Hongaarse stresstrip 60

Panfort 62

Lintcake met pasta 63

Italiaanse rijstcake met Grand Marnier 64

Siciliaans biscuitgebak 65

Italiaanse ricottacake 67

Italiaanse noedelcake 68

Italiaanse cake met walnoot en mascarpone 69

Hollandse appeltaart 70

normale Noorse cake 71

Noorse kranstaart 72

Portugees gebak met kokos 73

Tosca Scandinavische cake 74

Hertzog koekjes uit Zuid-Afrika 75

Baskische taart 76

Amandelprisma en roomkaas 78

Kasteel Zwarte Woud 80

Chocolade en amandelcake 81

chocolade kwarktaart 82

chocolade fudge cake 84

Johannesbrood en muntcake 86

IJskoffie porta 87

Koffiering Gâteau en noot 88

Deense cake met chocolade en room 90

port fruit 92

fruit savarine 93

cake met gemberlaag 95

Stoofpotje van druiven en perzik 96

Citroentaart 98

Bruine kok 99

strudel 101

de oranje poort 102

Vierlaagse sinaasappeltaart met marmelade 103

Noten en dadels koken 105

Taart met pruimen en kaneel 107

Laagkoken afstemmen 108

regenboog gestreepte taart 110

Gâteau St-Honoré 112

Aardbeienchoux koken 114

koffie cake 115

Koffie Streusel cake	116
ranch drip cake	117
Amerikaanse ontbijtkoek met citroensaus	118
koffie peperkoek	120
Cake met gemberroom	121
leverpool peperkoek	122
havermout peperkoekkoekjes	123
kleverige peperkoekkoekjes	125
volkoren peperkoek	126
Cake met honing en amandelen	127
cake met citroenijs	128
ijs ring	129
spek taart	131
Lardy karwijzaadcake	133
gemarmerde taart	134
Lincolnshire-laagcake	135
brood taart	136
taart met jam	137
maanzaad cake	138
gewone yoghurtcake	139
Pruimentaart met slagroom	140
Golvende frambozencake met chocoladeglazuur	142
zandkoek	143
Kikker taart	144
Gekruide ringcake	145
pittige laagcake	146
Kaneel suikercake	147

Victoriaanse theecake	148
Alles in één fruitcake	149
Alles in één fruitcake	150
Australische fruitcake	151
Rijke Amerikaanse cake	152
Johannesbroodvruchtencake	154
Vruchtenkoffiecake	155
Cornish zware taart	157
krententaart	158
zwarte fruitcake	159
Snijd de cake aan en plaats hem terug	161
dundee taart	162
Ei-vrije fruitcake 's nachts	163
Twijfelachtige fruitcake	164
Gember taart	166
Taartje met boerenfruit en honing	167
Genua taart	169
Vruchtencake met roomijs	171
Guinness fruitcake	172
Gehakte taart	173
Cake met havermout en abrikozen	174
Vruchtentaart 's nachts	175
Cake met rozijnen en kruiden	176
Richmond taart	177
Vruchtencake met saffraan	178
Vruchtensodacake	180
snelle fruitcake	181

fruitcake met hete thee 182

Vruchtencake met ijsthee 183

suikervrije fruitcake 184

Kleine fruitkoekjes 186

Vruchtencake met azijn 187

Virginia whiskycake 188

Welse fruittaart 189

witte vruchtencake 190

appeltaart... 191

Knapperige gekruide appeltaart 192

Amerikaanse appeltaart... 193

cake met appelmoes... 194

appeltaart met cider 195

Cake met appels en kaneel 196

Spaanse appeltaart 197

Appel en rozijnen 199

Ondersteboven appeltaart... 200

Abrikozenbroodcake 202

Abrikozen- en gembercake 203

Versufte Abrikozentaart.. 204

Bananen taart 205

knapperige bananencake... 206

banaan paddestoel 207

vezelrijke bananencake.. 208

Bananen-citroencake 209

Chocoladetaart met bananen in de blender.. 210

Pinda Bananencake... 211

Bananen- en rozijnencake in één 212
Whisky bananencake 213
Bosbessen cake..214
kersentaart 215
Cake met kersen en kokos 216
Cake met kersen en rozijnen 217
IJscake met kersen, noten 218

slagroomtaartjes

12 nu

225 g bladerdeeg

15 ml / 1 el poedersuiker (superfijn)

1 ei, licht losgeklopt

150 ml warme melk

een snufje zout

geraspte nootmuskaat om te bestrooien

Rol het deeg uit en bekleed er 12 diepe taartvormen (empanadapannen) mee. Meng de suiker met het ei en voeg geleidelijk de warme melk en het zout toe. Giet het mengsel in de gebakvormpjes (taartsuikergoed) en bestrooi met nootmuskaat. Bak in een voorverwarmde oven op 200°C/400°F/gasstand 6 gedurende 20 minuten. Laat afkoelen in de vormpjes.

Deense vla taarten

Poorten 8

200 g / 7 oz / een beetje 1 kopje boter of margarine

250 g bloem voor alle doeleinden

50 g banketbakkerssuiker, gezeefd

2 eierdooiers

1 lepel vla Deense vulling

Wrijf de boter of margarine door de bloem en suiker tot het mengsel op broodkruimels lijkt. Werk in de pruimen tot ze goed gemengd zijn. Dek af met vershoudfolie (plasticfolie) en zet 1 uur in de koelkast. Rol tweederde van het deeg (deeg) uit en gebruik het om ingevette taartpannen (empanada-pannen) te bekleden. Vul met de roomvulling. Rol de rest van het deeg uit en steek de bovenkant van de taartjes uit. Bevochtig de randen en druk ze tegen elkaar om te verzegelen. Bak in een voorverwarmde oven op 200°C/400°F/gasstand 6 gedurende 15-20 minuten tot ze goudbruin zijn. Laat afkoelen in de vormpjes.

Vruchtentaarten

12 nu

75 g / 3 oz / 1/3 kop boter of margarine, in blokjes

175 g / 6 oz / 1½ kopje bloem voor alle doeleinden

45 ml / 3 el poedersuiker (superfijn)

10 ml / 2 tl fijngeraspte sinaasappelschil

1 eigeel

15 ml/1 eetlepel water

175 g / 6 oz / ¾ kopje roomkaas

15 ml/1 lepel melk

350 g / 12 oz gemengd fruit zoals gehalveerde pitloze druiven, mandarijnschijfjes, gesneden aardbeien, bramen of frambozen

45 ml / 3 el abrikozenjam (uit blik), gezeefd

15 ml/1 eetlepel water

Wrijf de boter of margarine door de bloem tot het mengsel op broodkruimels lijkt. Voeg 30ml/2 el suiker en de helft van de sinaasappelschil toe. Voeg de eierdooier en voldoende water toe om tot een glad beslag te mengen. Wikkel in vershoudfolie en laat 30 minuten afkoelen.

Rol het deeg uit tot een dikte van 1/8 / 3 mm op een licht met bloem bestoven oppervlak en gebruik het om 12 taart- of taartvormen te bekleden. Dek af met waterdicht (was)papier, vul met bonen en bak in een voorverwarmde oven op 190°C/375°F/gasstand 5 gedurende 10 minuten. Verwijder het papier en de bonen en bak nog 5 minuten tot ze goudbruin zijn. Laat 5 minuten afkoelen in de vormpjes en zet dan terug op een rooster om verder af te koelen.

Klop de kaas met de melk, de rest van de suiker en de sinaasappelschil glad. Giet in gebakvormen (taartschalen) en bedek met fruit. Verwarm de jam en het water in een kleine steelpan tot alles goed gemengd is en bestrijk het fruit om te glazuren. Koel voor het opdienen.

Genuese taart

Maakt een cake van 23 cm / 9 inch

100 g bladerdeeg

50 g / 2 oz / ¼ kopje boter of margarine, verzacht

75 g / 3 oz / 1/3 kopje poedersuiker (super fijn)

75 g amandelen, gehakt

3 eieren, gescheiden

2,5 ml / ½ tl vanille-essence (extract)

100 g bloem voor alle doeleinden

100 g banketbakkerssuiker, gezeefd

sap van ½ citroen

Rol het deeg uit op een licht met bloem bestoven oppervlak en gebruik het om een taartvorm van 23 cm / 9 inch te bekleden. Prik alles in met een vork. Klop boter of margarine en poedersuiker licht en luchtig. Voeg geleidelijk amandelen, eidooiers en vanille-essence toe. Voeg de bloem toe. Klop de eiwitten stijf en spatel ze dan door het mengsel. Giet in de taartvorm (taartbodem) en bak in een voorverwarmde oven op 190°C/375°F/gasstand 5 gedurende 30 minuten. Laat 5 minuten afkoelen. Meng poedersuiker met citroensap en verdeel over de cake.

gember cake

Maakt een cake van 23 cm / 9 inch

225 g gouden siroop (lichte maïs)

250 ml kokend water

2,5 ml / ½ tl gemalen gember

60 ml / 4 el fijngehakte gekristalliseerde (gekonfijte) gember

30 ml / 2 el maizena (maizena)

15 ml / 1 eetlepel roompoeder

1 biscuitbodem

Breng de siroop, het water en de gemalen gember aan de kook en voeg dan de gekonfijte gember toe. Meng de maïzena en het roompoeder tot een pasta met een beetje water, roer dan door het gembermengsel en kook een paar minuten onder voortdurend roeren. Giet de vulling in de taartvorm (korst) en laat afkoelen en hard worden.

jam taarten

12 nu

225 g bladerdeeg

175 g / 6 oz / ½ kopje hele of stevige vruchtenjam (om te bewaren)

Rol het deeg (pasta) uit en bekleed er een ingevette bolvorm (empanadavorm mee). Verdeel de jam over de taartjes en bak in een voorverwarmde oven op 200°C / 400°F / gasstand 6 gedurende 15 minuten.

Walnoten taart

Maakt een cake van 23 cm / 9 inch

225 g bladerdeeg

50 g / 2 oz / ½ kopje pecannoten

3 eieren

225 g gouden siroop (lichte maïs)

75 g / 3 oz / 1/3 kopje zachte bruine suiker

2,5 ml / ½ tl vanille-essence (extract)

een snufje zout

Rol het deeg (pasta) uit op een licht met bloem bestoven oppervlak en bekleed een ingevette bakvorm van 23 cm. Bekleed met waterdicht (was)papier, vul met bonen en bak blind in een voorverwarmde oven op 190°C/375°F/gasstand 5 gedurende 10 minuten. Verwijder het papier en de bonen.

Leg de noten in een mooi patroon in de taartvorm. Klop de eieren totdat ze licht en luchtig zijn. Klop de siroop erdoor, dan de suiker en blijf kloppen tot de suiker is opgelost. Voeg vanille-essence en zout toe en klop tot een gladde massa. Giet het mengsel in de vorm en bak in een voorverwarmde oven gedurende 10 minuten. Verlaag de oventemperatuur tot 180°C/350°F/gasstand 4 en bak nog eens 30 minuten tot ze goudbruin zijn. Laat het afkoelen en hard worden voordat je het serveert.

Taart met appels en walnoten

Maakt een cake van 23 cm / 9 inch

2 eieren

350 g / 12 oz / 1½ kopjes basterdsuiker (superfijn)

50 g / 2 oz / ½ kopje bloem voor alle doeleinden

10 ml / 2 theelepels bakpoeder

een snufje zout

100 g kookappels (zuur), geschild, klokhuis verwijderd en in blokjes gesneden

100 g walnoten of pecannoten

150 ml slagroom

Klop de eieren tot ze bleek en schuimig zijn. Voeg alle resterende ingrediënten behalve zure room een voor een toe in de aangegeven volgorde. Giet in een ingevette en met bakpapier beklede cakevorm van 23 cm/9" en bak in een voorverwarmde oven op 160°C/325°F/Gas 3 gedurende ongever 45 minuten, tot het gerezen en goudbruin is. Serveer met room.

Gainsborough-cake

Maakt een cake van 20 cm / 8 inch

25 g / 1 oz / 2 el boter of margarine

2,5 ml / ½ tl bakpoeder

50 g / 2 oz / ¼ kopje poedersuiker (superfijn)

100 g / 4 oz / 1 kopje gedroogde kokosnoot (versnipperd)

50 g / 2 oz / ¼ kopje geglaceerde (gekonfijte) kersen, gehakt

2 losgeklopte eieren

Smelt de boter, meng de rest van de ingrediënten en giet het in een ingevette en met bakpapier beklede vorm van 20 cm / 8 (de vorm). Bak in een voorverwarmde oven op 180°C/350°F/gasstand 4 gedurende 30 minuten tot het veerkrachtig aanvoelt.

Citroentaart

Maak een cake van 25 cm

225 g bladerdeeg

100 g / 4 oz / ½ kopje boter of margarine

4 eieren

geraspte schil en sap van 2 citroenen

100 g / 4 oz / ½ kopje basterdsuiker (superfijn)

250 ml / 8 fl oz / 1 kopje room (zwaar)

Muntblaadjes voor decoratie

Spreid het deeg (pasta) uit op een licht met bloem bestoven oppervlak en bekleed een vorm van 25 cm / 10. Prik de bodem in met een vork. Dek af met watervast (vetvrij) papier en vul met bonen. Bak in een voorverwarmde oven op 200°C/400°F/gasstand 6 gedurende 10 minuten. Verwijder het papier en de bonen en zet nog 5 minuten in de oven tot de bodem droog is. Verlaag de oventemperatuur tot 160 °C / 325 °F / gasstand 3.

Smelt boter of margarine en laat 1 minuut afkoelen. Klop eieren met citroensap en schil. Klop boter, suiker en room. Giet op de bodem van het deeg en bak 20 minuten op lage temperatuur. Laat afkoelen en koel voor het serveren, gegarneerd met muntblaadjes.

citroentaartjes

12 nu

225 g / 8 oz / 1 kopje boter of margarine, verzacht

75 g banketbakkerssuiker, gezeefd

175 g / 6 oz / 1½ kopje bloem voor alle doeleinden

50 g maïsmeel (maizena)

5 ml/1 tl geraspte citroenschil

                Voor dressing:

30 ml / 2 el citroengestremde melk

30 ml / 2 el poedersuiker (banketbakkers), gezeefd

Meng alle ingrediënten voor de cake tot een gladde massa. Giet in een spuitzak en plaats decoratief in 12 papieren bakjes in een muffinvorm (empanada). Bak in een voorverwarmde oven op 180°C/350°F/gasstand 4 in 20 minuten goudbruin. Laat iets afkoelen, schep dan op elk biscuitgebak een lepel lemon curd en bestrooi met poedersuiker.

Oranje taart

Maakt een cake van 23 cm / 9 inch

1 biscuitbodem

400 ml / 14 fl oz / 1¾ kopjes sinaasappelsap

150 g poedersuiker (superfijn)

30 ml / 2 lepels banketbakkersroompoeder

15 g / ½ oz / 1 el boter of margarine

15 ml/1 el geraspte sinaasappelschil

Een paar plakjes gekonfijte sinaasappel (optioneel)

Bereid de biscuitbodem (korst) voor. Meng tijdens het koken 250 ml / 8 fl oz / 1 kopje sinaasappelsap met suiker, custard en boter of margarine. Breng het mengsel aan de kook en kook tot het helder en dik is. Voeg de sinaasappelschil toe. Zodra de vlaaidoos uit de oven komt, giet je het resterende sinaasappelsap erbij, giet je de sinaasappelvulling in de vlaai en laat afkoelen en opstijven. Garneer eventueel met gekonfijte sinaasappelschijfjes.

Peren taart

Maakt een cake van 20 cm / 8 inch

1 hoeveelheid Pâte Sucrée

Voor de vulling:

150 ml / ¼ st / 2/3 kopje room (zwaar)

2 eieren

50 g / 2 oz / ¼ kopje poedersuiker (superfijn)

5 bollen

Voor het glazuur:

75 ml / 5 el krentengelei (heldere jam)

30 ml / 2 eetlepels water

Een scheutje citroensap.

Rol de paté sucrée uit en bekleed er een taartvorm van 20 cm doorsnee mee. Dek af met bakpapier (in de was gezet) en vul met bonen en bak in een voorverwarmde oven op 190°C/gasstand 5 gedurende 12 minuten. Haal uit de oven, verwijder papier en bonen en laat afkoelen.

Meng voor de vulling room, eieren en suiker. Schil en ontpit de peren en halveer ze in de lengte. Leg de snijkant naar beneden en snijd bijna tot het midden van de peren, maar laat ze intact. Schik in cakevorm (schelp). Giet het roommengsel erover en bak in een voorverwarmde oven op 190°C/375°F/gasstand 4 gedurende 45 minuten, bedek met bakpapier (in de was gezet) als het bruin wordt voordat de room hard wordt. Laat het afkoelen.

Smelt voor het glazuur de gelatine, het water en het citroensap in een kleine steelpan tot een gladde massa. Bestrijk het fruit terwijl het glazuur warm is en laat het staan. Serveer dezelfde dag.

Taartje van peer en amandel

Maakt een cake van 20 cm / 8 inch

Voor deeg (pasta):

100 g bloem voor alle doeleinden

50 g gemalen amandelen

50 g / 2 oz / ¼ kopje poedersuiker (superfijn)

75 g / 3 oz / 1/3 kopje boter of margarine, in blokjes gesneden en zacht gemaakt

1 eigeel

Enkele druppels amandelessence (extract)

Voor de vulling:

1 eigeel

50 g / 2 oz / ¼ kopje poedersuiker (superfijn)

50 g gemalen amandelen

30 ml / 2 eetlepels perenlikeur of andere likeur naar smaak

3 grote peren

Voor de crème:

3 eieren

25 g / 1 oz / 2 eetlepels basterdsuiker (superfijn)

300 ml / ½ pt / 1¼ kopjes gewone (lichte) room.

Meng voor het deeg de bloem, amandelen en suiker in een kom en maak een kuiltje in het midden. Voeg boter of margarine, eigeel en vanille-essence toe en meng de ingrediënten geleidelijk tot een homogeen deeg. Wikkel in vershoudfolie (plasticfolie) en laat 45 minuten rusten. Rol uit op een met bloem bestoven oppervlak en bekleed een ingevette en beklede vlaai van 20 cm / 8 (vorm). Dek af met watervast (was)papier en vul met bonen en bak blind in een voorverwarmde oven op 200°C/400°F/gasstand 6 gedurende 15 minuten. Verwijder het papier en de bonen.

Klop voor de vulling het eigeel en de suiker los. Voeg amandelen en likeur toe en giet het mengsel in de taartbodem. Schil de peren, ontpit ze, halveer ze en leg ze met de platte kant naar beneden op de vulling.

Om de room te maken, klop je de eieren en de suiker tot een bleek en luchtig mengsel. Voeg de room toe. Bestrijk de peren met de room en bak ze in een voorverwarmde oven van 180°C/gasstand 4 in ca. 15 minuten totdat de crème is uitgehard.

Koninklijke rozijnentaart

Maakt een cake van 20 cm / 8 inch

Voor deeg (pasta):

100 g / 4 oz / ½ kopje boter of margarine

225 g / 8 oz / 2 kopjes bloem voor alle doeleinden

een snufje zout

45 ml / 3 el koud water

Voor de vulling:

50 g koekjeskruimels

175 g rozijnen

1 eigeel

5 ml/1 tl geraspte citroenschil

Voor dressing:

225 g banketbakkerssuiker, gezeefd

1 eiwit

5 ml/1 theelepel citroensap

Beëindigen:

45 ml / 3 el krentengelei (heldere jam)

Om het deeg te maken, wrijft u de boter of margarine door de bloem en het zout tot het mengsel op broodkruimels lijkt. Meng genoeg koud water om een deeg te maken. Wikkel in vershoudfolie en laat 30 minuten afkoelen.

Rol het deeg uit en gebruik het om een vierkante cakevorm van 20 cm / 8 inch te bekleden. Meng de ingrediënten voor de vulling door elkaar en lepel over de bodem, egaliseer de bovenkant. Meng de ingrediënten voor de topping en verdeel over de taart. Klop de krentengelei glad en spuit dan een roosterpatroon over de bovenkant van de cake. Bak in een voorverwarmde oven op 190°C/375°F/Gas 5 gedurende 30 minuten, verlaag dan de oventemperatuur tot 180°C/350°F/Gas 4 en bak nog eens 10 minuten.

Taart met rozijnen en slagroom

Maakt een cake van 23 cm / 9 inch

225 g bladerdeeg

30 ml / 2 eetlepels bloem voor alle doeleinden

2 eieren, licht losgeklopt

60 ml / 4 el basterdsuiker (superfijn)

250 ml room (zuivel)

225 g rozijnen

60 ml / 4 el rum of cognac

Enkele druppels vanille-essence (extract)

Rol het deeg (pasta) uit tot 5 mm / ¼ dikte op een licht met bloem bestoven oppervlak. Meng bloem, eieren, suiker en room en voeg dan rozijnen, rum of cognac en vanille-essence toe. Giet het mengsel in de vorm en bak in een voorverwarmde oven op 200°C/400°F/gasstand 6 gedurende 20 minuten. Verlaag de oventemperatuur tot 180°C/350°F/gasstand 4 en bak nog 5 minuten tot ze gaar zijn.

Strawberry Shortcake

Maakt een cake van 20 cm / 8 inch

1 hoeveelheid Pâte Sucrée

Voor de vulling:

5 eidooiers

175 g / 6 oz / ¾ kopje basterdsuiker (superfijn)

75 g maïsmeel (maizena)

1 vanillestokje (stok)

450 ml / ¾ pt / 2 kopjes melk

15 g / ½ oz / 1 el boter of margarine

550 g aardbeien, gehalveerd

Voor het glazuur:

75 ml / 5 el krentengelei (heldere jam)

30 ml / 2 eetlepels water

Een scheutje citroensap.

Rol het deeg (pasta) uit en gebruik het om een taartvorm van 20 cm/8 inch te bekleden. Dek af met bakpapier (in de was gezet) en vul met bonen en bak in een voorverwarmde oven op 190°C/gasstand 5 gedurende 12 minuten. Haal uit de oven, verwijder papier en bonen en laat afkoelen.

Klop voor de vulling de eierdooiers en de suiker totdat het mengsel bleek en luchtig wordt en loslaat van de garde in reepjes. Roer de maizena erdoor. Voeg de vanillestokjes toe aan de melk en breng aan de kook. Verwijder de vanillestokjes. Voeg de eidosis geleidelijk toe. Giet het mengsel in een schone pan en breng aan de kook, onder voortdurend roeren, kook dan al roerend gedurende 3 minuten. Haal van het vuur en voeg boter of margarine toe tot het gesmolten is. Dek af met ingevet (vetvrij) papier en laat afkoelen.

Giet de banketbakkersroom in de taartvorm en schik de aardbeien er mooi op. Smelt voor het glazuur de gelatine, het water en het citroensap tot een geheel. Bestrijk het fruit terwijl het glazuur warm is en laat het staan. Serveer dezelfde dag.

melasse taart

Maakt een cake van 20 cm / 8 inch

75 g / 3 oz / 1/3 kopje boter of margarine

175 g / 6 oz / 1½ kopje bloem voor alle doeleinden

15 ml / 1 el poedersuiker (superfijn)

1 eigeel

30 ml / 2 eetlepels water

225 g gouden siroop (lichte maïs)

50 g / 2 oz / 1 kop verse paneermeel

5 ml/1 theelepel citroensap

Wrijf de boter of margarine door de bloem tot het mengsel op broodkruimels lijkt. Voeg de suiker toe, voeg eidooier en water toe en mix tot je een deeg (pasta) krijgt. Wikkel in vershoudfolie en laat 30 minuten afkoelen.

Rol het deeg uit en bekleed er een taartvorm van 20 cm doorsnee mee. Verwarm de siroop en meng met paneermeel en citroensap. Giet de vulling in de vorm en bak in een voorverwarmde oven op 180°C/350°F/gasstand 4 gedurende 35 minuten tot bubbels.

Taart met walnoten en melasse

Maakt een cake van 20 cm / 8 inch

225 g bladerdeeg

100 g / 4 oz / ½ kopje boter of margarine, verzacht

50 g / 2 oz / ¼ kopje zachte bruine suiker

2 losgeklopte eieren

175 g / 6 oz / ½ kopje golden syrup (lichte mais), warm

100 g walnoten, fijngehakt

geraspte schil van 1 citroen

sap van ½ citroen

Rol het deeg uit (pasta) en gebruik het om een ingevette taartvorm van 20 cm/8 inch te bekleden. Dek af met watervast (was)papier en vul met bonen en bak in een voorverwarmde oven op 200°C. / 400°F. / gasstand 6 gedurende 10 minuten. Haal uit de oven en verwijder het papier en de bonen. Verlaag de oventemperatuur tot 180°C/350°F/gasstand 4.

Klop boter of margarine en suiker tot bleek en luchtig. Voeg geleidelijk de eieren toe, voeg de siroop, noten, citroenschil en sap toe. Giet in de vorm (taartbodem) en bak in de oven in 45 minuten bruin en krokant.

Amish Shoo-fly Cake

Maakt een cake van 9 "x 12".

225 g / 8 oz / 1 kopje boter of margarine, verzacht

225 g / 8 oz / 2 kopjes bloem voor alle doeleinden

225 g / 8 oz / 2 kopjes volkoren (tarwe)meel.

450 g / 1 lb / 2 kopjes zachte bruine suiker

350 g / 12 oz / 1 kopje melasse (melasse)

10 ml / 2 tl zuiveringszout (zuiveringszout)

450 ml / ¾ pt / 2 kopjes kokend water

Wrijf de boter of margarine door de bloem tot het mengsel op broodkruimels lijkt. Voeg de suiker toe. Bewaar 100 g / 4 oz / 1 kopje van het mengsel voor de topping. Combineer de melasse, bakpoeder en water en roer door het bloemmengsel tot de droge ingrediënten zijn opgenomen. Giet in een ingevette en met bloem bestoven taartvorm van 23 x 30 cm / 9 x 12 en besprenkel met het achtergehouden mengsel. Bak in een voorverwarmde oven op 180°C / 350°F / gasstand 4 gedurende 35 minuten tot een in het midden gestoken satéprikker er schoon uitkomt. Het wordt warm geserveerd.

Boston-roomplak

Maakt een cake van 23 cm / 9 inch

100 g / 4 oz / ½ kopje boter of margarine, verzacht

225 g / 8 oz / 1 kopje basterdsuiker (super fijn)

2 eieren, licht losgeklopt

2,5 ml / ½ tl vanille-essence (extract)

175 g / 6 oz / 1½ kopjes zelfrijzend bakmeel

5 ml/1 theelepel bakpoeder

een snufje zout

60 ml / 4 el melk

banketbakkersroom vulling

Klop boter of margarine en suiker licht en luchtig. Voeg geleidelijk eieren en vanille-essence toe en klop goed na elke toevoeging. Meng de bloem, bakpoeder en zout en voeg het mengsel afwisselend met de melk toe. Giet in een ingevette cakevorm en bak in een voorverwarmde oven op 180°C / 350°F / gasstand 4 gedurende 30 minuten tot het stevig aanvoelt. Als het is afgekoeld, snijdt u de biscuit horizontaal door en plaatst u de twee helften samen met de roomvulling.

Amerikaanse witte bergtaart

Maakt een cake van 23 cm / 9 inch

225 g / 8 oz / 1 kopje boter of margarine, verzacht

450 g / 1 lb / 2 kopjes basterdsuiker (superfijn)

3 eieren, licht losgeklopt

350 g / 12 oz / 3 kopjes zelfrijzend bakmeel

15 ml/1 eetlepel bakpoeder

1,5 ml / ¼ theelepel zout

250 ml melk

5 ml / 1 tl vanille-essence (extract)

5 ml / 1 tl amandelessence (extract)

Voor de citroenvulling:

45 ml / 3 el maïsmeel (maizena)

75 g / 3 oz / 1/3 kopje poedersuiker (super fijn)

1,5 ml / ¼ theelepel zout

300 ml melk

25 g / 1 oz / 2 el boter of margarine

90 ml / 6 el citroensap

5 ml/1 tl geraspte citroenschil

Voor het glazuur:

350 g / 12 oz / 1½ kopjes basterdsuiker (superfijn)

een snufje zout

2 eiwitten

75 ml / 5 el koud water

15 ml / 1 el golden syrup (lichte mais)

5 ml / 1 tl vanille-essence (extract)

175 g / 6 oz / 1½ kopjes gedroogde kokosnoot (versnipperd)

Klop boter of margarine en suiker licht en luchtig. Voeg beetje bij beetje eieren toe. Meng de bloem, het bakpoeder en het zout en voeg het roommengsel afwisselend met de melk en de essences toe. Giet het mengsel in drie ingevette en ingevette bakvormen van 23 cm / 9 en bak in een voorverwarmde oven op 180°C / 350°F / gasstand 4 gedurende 30 minuten tot een in het midden gestoken satéprikker er schoon uitkomt. Laat het afkoelen.

Meng voor de vulling de maïsmeel, suiker en zout en voeg dan de melk toe tot een gladde massa. Voeg de boter of margarine in stukjes toe en klop op laag vuur ongeveer 2 minuten tot het dik wordt. Voeg citroensap en schil toe. Laat afkoelen en koel weg.

Om het glazuur te maken, combineert u alle ingrediënten behalve de vanille-essence en kokosnoot in een hittebestendige kom boven een pan met kokend water. Klop ongeveer 5 minuten tot het stijf is. Voeg vanille-essence toe en klop nog 2 minuten.

Om de cake samen te stellen, besmeer je de onderste laag met de helft van de citroenvulling en besprenkel je met 25 g kokosnoot. Herhaal met de andere laag. Verdeel het glazuur over de bovenkant en zijkanten van de cake en bestrooi met de rest van de kokosnoot.

Amerikaanse karnemelktaart

Maakt een cake van 23 cm / 9 inch

100 g / 4 oz / ½ kopje boter of margarine, verzacht

225 g / 8 oz / 1 kopje basterdsuiker (super fijn)

2 eieren, licht losgeklopt

5 ml/1 tl geraspte citroenschil

5 ml / 1 tl vanille-essence (extract)

225 g / 8 oz / 2 kopjes zelfrijzend bakmeel (gist)

5 ml/1 theelepel bakpoeder

5 ml / 1 tl zuiveringszout (zuiveringszout)

een snufje zout

250 ml karnemelk

citroen vulling

Klop boter of margarine en suiker licht en luchtig. Klop de eieren geleidelijk los, voeg de citroenschil en vanille-essence toe. Meng de bloem, bakpoeder, baking soda en zout en voeg het mengsel afwisselend met de karnemelk toe. Klop goed tot homogeen. Giet het mengsel in twee ingevette en met bloem bestoven cakevormen (trays) en bak in een voorverwarmde oven op 180°C/350°F/gasstand 4 gedurende 25 minuten, tot het stevig aanvoelt. Laat 5 minuten in de vormen afkoelen voordat u ze op een rooster plaatst om verder af te koelen. Eenmaal afgekoeld, maak je samen met de citroenvulling een tosti.

Caraïbische rum-gembercake

Maakt een cake van 20 cm / 8 inch

50 g / 2 oz / ¼ kopje boter of margarine

120 ml stroopmelasse

1 ei, licht losgeklopt

60 ml / 4 el rum

100 g zelfrijzend bakmeel

10 ml / 2 tl gemalen gember

75 g / 3 oz / 1/3 kopje zachte bruine suiker

25 g gekristalliseerde gember (gekonfijt), fijngehakt

Smelt de boter of margarine met de melasse op laag vuur en laat iets afkoelen. Voeg de overige ingrediënten toe om een glad beslag te maken. Giet in een ingevette en met bakpapier beklede ringvorm van 20 cm / 8 inch (multi) en bak in een voorverwarmde oven op 200 °C / 400 °F / gasovenstand 6 gedurende 20 minuten, tot het goed gerezen en stevig aanvoelt.

sacer taart

Maakt een cake van 20 cm / 8 inch

200 g pure chocolade (halfzoet)

8 eieren, gescheiden

100 g / 4 oz / ½ kopje ongezouten (zoete) boter, gesmolten

2 eiwitten

een snufje zout

150 g poedersuiker (superfijn)

Enkele druppels vanille-essence (extract)

100 g bloem voor alle doeleinden

Voor het glazuur (icing):
150 g pure chocolade (halfzoet)

250 ml / 8 fl oz / 1 kop room (light)

175 g / 6 oz / ¾ kopje basterdsuiker (superfijn)

Enkele druppels vanille-essence (extract)

1 losgeklopt ei

100 g / 4 oz / 1/3 kopje abrikozenjam (uit blik), gezeefd

Smelt de chocolade in een hittebestendige kom boven een pan kokend water. Haal van het vuur. Klop de eierdooiers licht op met de boter en voeg dan de gesmolten chocolade toe. Klop alle eiwitten en zout stijf, voeg dan geleidelijk de suiker en vanille-essence toe en blijf kloppen tot het mengsel stijve pieken vormt. Het wordt geleidelijk aan in het chocolademengsel verwerkt, daarna wordt het meel toegevoegd. Giet het mengsel in twee ingevette en ingevette bakvormen van 20 cm / 8 (platen) en bak in de voorverwarmde oven van 180 ° C / 350 ° F / gasstand 4 gedurende 45 minuten tot een in het midden gestoken satéprikker er schoon uitkomt. Zet op een grill en laat afkoelen.

Om het glazuur te maken, smelt u de chocolade met de room, suiker en vanille-essence op middelhoog vuur tot alles goed gemengd is en kookt u 5 minuten zonder te roeren. Meng een paar eetlepels van het chocolademengsel door het ei, voeg dan de chocolade toe en kook 1 minuut al roerend. Haal het van het vuur en laat het afkoelen tot kamertemperatuur.

Bestrijk de koekjes met de abrikozenjam. Bedek de hele cake met chocoladeglazuur en strijk het oppervlak glad met een spatel of spatel. Laat afkoelen en zet een paar uur in de koelkast tot het glazuur hard wordt.

Vruchtencake met Caribische rum

Maakt een cake van 20 cm / 8 inch

450 g / 1 lb / 2 2/3 kopjes gedroogd fruit (fruitcakemix)

225 g / 8 oz / 1 1/3 kopjes sultana's (gouden rozijnen)

100 g rozijnen

100 g krenten

50 g / 2 oz / ¼ kopje geglazuurde kersen (gekonfijt)

300 ml / ½ pt / 1¼ kopjes rode wijn

225 g / 8 oz / 1 kopje boter of margarine, verzacht

225 g / 8 oz / 1 kopje zachte bruine suiker

5 eieren, licht losgeklopt

10 ml / 2 tl melasse (melasse)

225 g / 8 oz / 2 kopjes bloem voor alle doeleinden

50 g gemalen amandelen

5 ml/1 theelepel gemalen kaneel

5 ml/1 tl geraspte nootmuskaat

5 ml / 1 tl vanille-essence (extract)

300 ml / ½ pt / 1¼ kopjes rum

Doe al het fruit en de wijn in een pan en breng aan de kook. Zet het vuur laag, dek af en laat 15 minuten staan, haal dan van het vuur en laat afkoelen. Klop de boter of margarine en de suiker licht en luchtig en meng er geleidelijk de eieren en basterdsuiker door. Voeg de droge ingrediënten toe. Voeg het fruitmengsel, vanille-essence en 45ml/3 el rum toe. Plaats in een ingevette en ingevette bakvorm (bakplaat) van 20 cm/8 en bak in de voorverwarmde oven op 160°C/325°F/gasstand 3 gedurende 3 uur tot het goed gerezen is en een in het midden gestoken satéprikker er schoon uitkomt... Laat 10 minuten in de vorm afkoelen en leg ze dan op een rooster om verder af te koelen. Prik met een dunne satéprikker gaatjes in de bovenkant van de cake en doe de rest van de rum erin.

Deense botercake

Maakt een cake van 23 cm / 9 inch

225 g boter of margarine, in blokjes

175 g / 6 oz / 1½ kopje bloem voor alle doeleinden

40 g / 1½ oz verse gist of 60 ml / 4 el droge gist

15 ml/1 eetlepel kristalsuiker

1 losgeklopt ei

½ hoeveelheid vanillesaus Deense vulling

60 ml / 4 el poedersuiker (banketbakkers), gezeefd

45 ml / 3 el krenten

Wrijf 100 g / 4 oz / ½ kopje boter of margarine in de bloem. Klop gist en kristalsuiker, voeg dan bloem en boter toe met het ei en mix tot je een glad deeg krijgt. Dek af en laat ongeveer 1 uur op een warme plaats staan tot het verdubbeld is in volume.

Leg op een met bloem bestoven oppervlak en kneed goed. Rol een derde van het deeg uit en bekleed hiermee de bodem van een ingevette springvorm van 23 cm/9". Verdeel de roomvulling over het deeg.

Rol het resterende deeg uit tot een rechthoek van ongeveer 5 mm / ¼ inch dik. Roer de rest van de boter of margarine en poedersuiker erdoor en meng de krenten erdoor. Spreid het deeg uit, laat een opening rond de randen en rol het deeg vanaf de korte kant. Snijd in plakjes en leg ze bovenop de roomvulling. Dek af en laat ongeveer 1 uur op een warme plaats staan. Bak in een voorverwarmde oven op 230°C/450°F/gasstand 8 gedurende 25 tot 30 minuten tot ze goed gerezen en goudbruin zijn aan de bovenkant.

Deense kardemom

Maakt cake van 900 g / 2 lb

225 g / 8 oz / 1 kopje boter of margarine, verzacht

225 g / 8 oz / 1 kopje basterdsuiker (super fijn)

3 eieren

350 g / 12 oz / 3 kopjes bloem voor alle doeleinden

10 ml / 2 theelepels bakpoeder

10 kardemomzaden, gemalen

150 ml melk

45 ml / 3 el rozijnen

45 ml / 3 el gehakte gemengde (gekonfijte) schil

Klop boter of margarine en suiker licht en luchtig. Voeg beetje bij beetje de eieren toe en klop goed na elke toevoeging. Voeg bloem, bakpoeder en kardemom toe. Voeg geleidelijk melk, rozijnen en gemengde schil toe. Giet in een ingevette en beklede broodvorm van 900 g / 2 lb en bak in een voorverwarmde oven op 190 ° C / 375 ° F / gasstand 5 gedurende 50 minuten tot een in het midden gestoken satéprikker er schoon uitkomt.

Gateau Pithiviers

Maakt een cake van 25 cm / 10 inch

100 g / 4 oz / ½ kopje boter of margarine, verzacht

100 g / 4 oz / ½ kopje basterdsuiker (superfijn)

1 ei

1 eigeel

100 g gemalen amandelen

30 ml / 2 el rum

400 g bladerdeeg

Voor het glazuur:

1 losgeklopt ei

30 ml / 2 lepels poedersuiker (voor zoetwaren)

Klop boter of margarine en suiker licht en luchtig. Klop het ei en de dooier los, voeg de amandelen en rum toe. Spreid de helft van het deeg (pasta) uit op een licht met bloem bestoven oppervlak en snijd in een cirkel van 23 cm. Leg op een vochtige bakplaat en verdeel de vulling over het deeg tot op 1 cm / ½ inch van de rand. Rol de rest van het deeg uit en snijd het in een cirkel van 25 cm. Knip een ring van 1 cm / ½ inch vanaf de rand van deze cirkel. Borstel de rand van de deegbodem met water en druk de ring rond de rand, duw hem voorzichtig op zijn plaats. Borstel met water en druk de tweede cirkel erop, waarbij de randen worden verzegeld. Verzegel en scoor de randen. Bestrijk de bovenkant met losgeklopt ei en snij vervolgens een patroon van radiale inkepingen over de bovenkant met het lemmet van een mes. Bak in een voorverwarmde oven op 220°C/425°F/gasstand 7 gedurende 30 minuten tot ze gerezen en goudbruin zijn. Zeef de poedersuiker erover en zet nog 5 minuten in de oven tot het glanst. Serveer warm of koud.

koning taart

Maakt een cake van 18 cm / 7 inch

250 g bloem voor alle doeleinden

5 ml/1 theelepel zout

200 g / 7 oz / ongeveer 1 kopje ongezouten (zoete) boter, in blokjes

175 ml / 6 fl oz / ¾ kopje water

1 ei

1 eiwit

Doe bloem en zout in een kom en maak een kuiltje in het midden. Voeg 75 g / 3 oz / 1/3 kopje boter, water en heel ei toe en meng tot een gladde massa. Dek af en laat 30 minuten staan.

Rol het deeg uit tot een lange rechthoek op een licht met bloem bestoven werkvlak. Bestrijk tweederde van het deeg met een derde van de resterende boter. Vouw het onbedekte deeg over de boter en vouw de rest van het deeg eroverheen. Sluit de randen en laat 10 minuten afkoelen. Rol het deeg opnieuw uit en herhaal dit met de helft van de overgebleven boter. Koel af, smeer uit en voeg de resterende boter toe en laat de laatste 10 minuten afkoelen.

Rol het deeg uit tot een cirkel van 1/2,5 cm dik met een diameter van ongeveer 18 cm. Leg ze op een ingevette bakplaat (koekjes), bestrijk met eiwit en laat 15 minuten intrekken. Bak in een voorverwarmde oven op 180°C/350°F/gasstand 4 gedurende 15 minuten tot ze gerezen en goudbruin zijn.

karamel crème

Maakt een cake van 15 cm / 6 inch

Voor de karamel:

100 g / 4 oz / ½ kopje basterdsuiker (superfijn)

150 ml / ¼ pt / 2/3 kopje water

Voor de crème:

600 ml / 1 pkt / 2½ kopjes melk

4 eieren, licht losgeklopt

15 ml / 1 el poedersuiker (superfijn)

1 sinaasappel

Doe voor de karamel de suiker en het water in een kleine steelpan en los op laag vuur op. Breng aan de kook en laat zonder roeren ongeveer 10 minuten sudderen tot de siroop goudbruin kleurt. Giet in een souffléschaal van 15 cm / 6 inch en kantel de schaal zodat de karamel naar de bodem loopt.

Om de room te maken, verwarm je de melk, giet je de eieren en de suiker erover en klop je goed. Het wordt in de plaat gegoten. Zet de schaal in een ovenvaste vorm (bak) met heet water tot halverwege de zijkant van de schaal. Bak in een voorverwarmde oven op 170°C/325°F/gasstand 3 gedurende 1 uur tot het gestold is. Laat afkoelen alvorens op een serveerschaal te leggen. Schil de sinaasappel en snijd hem in horizontale plakjes, en snij vervolgens elke schijf doormidden. Plaats rond het snoep om te versieren.

Gügelhopf

Maakt een cake van 20 cm / 8 inch

25 g / 1 oz verse gist of 40 ml / 2½ el droge gist

120 ml / ½ kopje warme melk

100 g rozijnen

15 ml / 1 lepel rum

450 g / 1 lb / 4 kopjes bloem voor alle doeleinden (brood).

5 ml/1 theelepel zout

Een snufje geraspte nootmuskaat

100 g / 4 oz / ½ kopje basterdsuiker (superfijn)

geraspte schil van 1 citroen

175 g / 6 oz / ¾ kopje boter of margarine, verzacht

3 eieren

100 g / 4 oz / 1 kopje geblancheerde amandelen

Icing (banketbakkers) suiker voor glazuur

Meng de gist met een beetje warme melk en laat het 20 minuten op een warme plaats staan tot het schuimt. Doe de rozijnen in een kom, sprenkel de rum erover en laat even intrekken. Doe bloem, zout en nootmuskaat in een kom en voeg suiker en citroenschil toe. Maak een kuiltje in het midden, giet het gistmengsel, de resterende melk, boter of margarine en eieren erin en kneed tot een deeg. Doe in een kom met boter, dek af met geoliede vershoudfolie (plasticfolie) en laat 1 uur op een warme plaats staan tot het verdubbeld is in volume. Bekleed een gugelhopfpan van 20 cm/8 inch (gegroefde buispan) royaal en schik de amandelen rond de bodem. Kneed de rozijnen en rum door het gerezen deeg en meng goed. Giet het mengsel in de vorm, dek af en laat 40 minuten op een warme plaats staan tot het deeg bijna in volume is verdubbeld en de bovenkant van de bakplaat bereikt. Bak in een voorverwarmde oven op 200°C / 400°F / gasstand 6 gedurende 45 minuten tot een in het midden gestoken satéprikker er schoon uitkomt. Dek af met een dubbele laag bakpapier tegen het einde van het bakken als de cake te bruin wordt. Stop en laat afkoelen en bestrooi met poedersuiker.

Gugelhopf luxe chocolade

Maakt een cake van 20 cm / 8 inch

25 g / 1 oz verse gist of 40 ml / 2½ el droge gist

120 ml / ½ kopje warme melk

50 g rozijnen

50 g krenten

25 g / 1 oz / 3 eetlepels gemengde schil (gekonfijte) gehakt

15 ml / 1 lepel rum

450 g / 1 lb / 4 kopjes bloem voor alle doeleinden (brood).

5 ml/1 theelepel zout

5 ml / 1 theelepel gemalen universeel

Een snufje gemalen gember

100 g / 4 oz / ½ kopje basterdsuiker (superfijn)

geraspte schil van 1 citroen

175 g / 6 oz / ¾ kopje boter of margarine, verzacht

3 eieren

Voor dressing:

60 ml / 4 el abrikozenjam (uit blik), gezeefd

30 ml / 2 eetlepels water

100 g pure chocolade (halfzoet)

50 g / 2 oz / ½ kopje amandelschilfers (in plakjes), geroosterd

Meng de gist met een beetje warme melk en laat het 20 minuten op een warme plaats staan tot het schuimt. Doe de gemengde rozijnen, krenten en schil in een kom, besprenkel met rum en laat trekken. Doe bloem, zout en kruiden in een kom en voeg suiker en citroenschil toe. Maak een kuiltje in het midden, giet het gistmengsel, de resterende melk en het ei erin en kneed tot een deeg. Doe in een kom met boter, dek af met geoliede vershoudfolie (plasticfolie) en laat 1 uur op een warme plaats staan tot het verdubbeld is in volume. Kneed het fruit en de rum door het gistdeeg en meng goed. Giet het mengsel in een goed ingevette 20 cm / 8 gugelhopf-pan (gecanneleerde buis), dek af en laat 40 minuten op een warme plaats staan tot het deeg bijna in volume is verdubbeld en naar de bovenkant van de pan is gerezen. Bak in een voorverwarmde oven op 200°C / 400°F / gasstand 6 gedurende 45 minuten tot een in het midden gestoken satéprikker er schoon uitkomt. Dek af met een dubbele laag bakpapier tegen het einde van het bakken als de cake te bruin wordt. Zet uit en laat afkoelen.

Verwarm de jam met het water, meng tot een homogene massa. Beboter de cake. Smelt de chocolade in een hittebestendige kom boven een pan kokend water. Verdeel over de cake en druk de amandelschilfers rond de bodem voordat de chocolade hard wordt.

Gestolen

Maakt drie cakes van 350 g / 12 oz

15 g / ½ oz verse gist of 20 ml / 4 tl droge gist

15 ml / 1 el poedersuiker (superfijn)

120 ml warm water

25 g / 1 oz / ¼ kopje hard gewoon (brood) meel

Voor het fruitdeeg:
450 g / 1 lb / 4 kopjes bloem voor alle doeleinden (brood).

5 ml/1 theelepel zout

75 g / 3 oz / 1/3 kop demerara suiker

1 ei, licht losgeklopt

225 g rozijnen

30 ml / 2 el rum

50 g / 2 oz / 1/3 kop gehakte gemengde (gekonfijte) schil

50 g gemalen amandelen

5 ml/1 theelepel gemalen kaneel

100 g / 4 oz / ½ kopje boter of margarine, gesmolten

175 g amandelspijs

Voor het glazuur:
1 ei, licht losgeklopt

75 g / 3 oz / 1/3 kopje poedersuiker (super fijn)

90 ml / 6 eetlepels water

50 g / 2 oz / ½ kopje amandelschilfers (in plakjes)

Icing (banketbakkers) suiker voor glazuur

Meng voor het gistmengsel gist en suiker tot een papje met het lauwe water en de bloem. Laat het 20 minuten op een warme plaats staan tot het schuimt.

Doe voor het fruitdeeg bloem en zout in een kom, voeg suiker toe en maak een kuiltje in het midden. Voeg het ei toe aan het gistmengsel en meng tot een gladde massa. Voeg rozijnen, rum, gemengde schil, gemalen amandelen en kaneel toe en kneed tot alles goed gecombineerd en glad is. In een ingevette vorm doen, afdekken met huishoudfolie (plastic folie) en 30 minuten op een warme plaats laten staan.

Verdeel het deeg in drieën en rol het uit tot rechthoeken van ca. 1 cm/½ dikte. Verdeel boter erover. Verdeel de amandelmassa in drieën en rol er een worstvorm van. Leg er een in het midden van elke rechthoek en vouw het deeg eroverheen. Vouw de naad naar beneden en leg deze op een ingevette (taart)bakplaat. Bestrijk met eierwas, dek af met ingevette voedselfolie (huishoudfolie) en laat 40 minuten op een warme plaats staan tot het verdubbeld is.

Bak in een voorverwarmde oven op 220°C/425°F/gasstand 7 gedurende 30 minuten tot ze goudbruin zijn.

Kook ondertussen de suiker met water 3 minuten tot een dikke siroop. Bestrijk de bovenkant van elke stol met siroop en bestrooi met amandelschilfers en poedersuiker.

gestolen amandelen

Maakt twee broden van 450 g / 1 lb

15 g / ½ oz verse gist of 20 ml / 4 tl droge gist

50 g / 2 oz / ¼ kopje poedersuiker (superfijn)

300 ml warme melk

1 ei

geraspte schil van 1 citroen

Een snufje geraspte nootmuskaat

450 g / 1 lb / 4 kopjes bloem voor alle doeleinden

een snufje zout

100 g / 4 oz / 2/3 kop gehakte gemengde (gekonfijte) schil

175 g / 6 oz / 1½ kopjes gehakte amandelen

50 g / 2 oz / ¼ kopje boter of margarine, gesmolten

75 g banketbakkerssuiker, gezeefd, om te bestuiven

Meng de gist met 5 ml/1 theelepel suiker en een beetje warme melk en laat 20 minuten op een warme plaats schuimen. Klop het ei los met de rest van de suiker, de citroenschil en de nootmuskaat, meng het gistmengsel met de rest van de bloem, het zout en de warme melk tot een gladde massa. In een ingevette vorm doen, afdekken met huishoudfolie (plastic folie) en 30 minuten op een warme plaats laten staan.

Kneed de gemengde schil en amandelen, dek weer af en laat 30 minuten op een warme plaats staan tot het verdubbeld is in volume.

Verdeel het deeg doormidden. Rol de helft in een worstvorm van 12/30 cm. Druk op de deegroller in het midden om een dip te maken, vouw vervolgens een kant in de lengte en druk zachtjes aan. Herhaal met de andere helft. Leg beide op een ingevette en met bakpapier beklede bakplaat, dek af met geoliede vershoudfolie (plastic folie) en laat 25 minuten op een warme plaats staan tot het verdubbeld is in volume. Bak in een voorverwarmde oven op 200°C/400°F/gasstand 6 gedurende 1 uur tot ze goudbruin zijn en een in het midden gestoken satéprikker er schoon uitkomt. Besmeer warm brood royaal met gesmolten boter en bestrooi met poedersuiker.

gestolen pistachenoten

Maakt twee broden van 450 g / 1 lb

15 g / ½ oz verse gist of 20 ml / 4 tl droge gist

50 g / 2 oz / ¼ kopje poedersuiker (superfijn)

300 ml warme melk

1 ei

geraspte schil van 1 citroen

Een snufje geraspte nootmuskaat

450 g / 1 lb / 4 kopjes bloem voor alle doeleinden

een snufje zout

100 g / 4 oz / 2/3 kop gehakte gemengde (gekonfijte) schil

100 g / 4 oz / 1 kopje pistachenoten, gehakt

100 g amandelspijs

15 ml / 1 el maraschino-likeur

50 g banketbakkerssuiker, gezeefd

Voor dressing:
50 g / 2 oz / ¼ kopje boter of margarine, gesmolten

75 g banketbakkerssuiker, gezeefd, om te bestuiven

Meng de gist met 5 ml/1 theelepel suiker en een beetje warme melk en laat 20 minuten op een warme plaats schuimen. Klop het ei los met de rest van de suiker, de citroenschil en de nootmuskaat, meng het gistmengsel met de rest van de bloem, het zout en de warme melk tot een gladde massa. In een ingevette vorm doen, afdekken met huishoudfolie (plastic folie) en 30 minuten op een warme plaats laten staan.

Kneed de gemengde schelpen en pistachenoten, dek weer af en laat 30 minuten op een warme plaats staan tot het in volume is verdubbeld. Roer de amandelspijs, likeur en poedersuiker tot een pasta, rol uit tot 1 cm dikte en snijd in blokjes. Werk in het deeg zodat de blokjes heel blijven.

Verdeel het deeg doormidden. Rol de helft in een worstvorm van 12/30 cm. Druk op de deegroller in het midden om een dip te maken, vouw vervolgens een kant in de lengte en druk zachtjes aan. Herhaal met de andere helft. Leg beide op een ingevette en met bakpapier beklede bakplaat, dek af met geoliede vershoudfolie (plastic folie) en laat 25 minuten op een warme plaats staan tot het verdubbeld is in volume. Bak in een voorverwarmde oven op 200°C/400°F/gasstand 6 gedurende 1 uur tot ze goudbruin zijn en een in het midden gestoken satéprikker er schoon uitkomt. Besmeer warm brood royaal met gesmolten boter en bestrooi met poedersuiker.

baklava

Diensten 24

450 g / 1 lb / 2 kopjes basterdsuiker (superfijn)

300 ml / ½ pt / 1¼ kopjes water

5 ml/1 theelepel citroensap

30 ml / 2 el rozenwater

350 g / 12 oz / 1½ kopjes ongezouten (zoete) boter, gesmolten

450 g filodeeg (pasta)

675 g / 1½ lb / 6 kopjes amandelen, fijngehakt

Om de siroop te maken, los je de suiker op laag vuur op in water en roer je af en toe. Voeg het citroensap toe en breng aan de kook. Laat 10 minuten koken tot het stroperig is, voeg dan het rozenwater toe en laat afkoelen en in de koelkast zetten.

Vet een grote pan in met gesmolten boter. Leg de helft van de filovellen in de pan, bestrijk ze elk met boter. Vouw de randen om om de vulling vast te houden. Strooi de amandelen erover. Ga door met het in lagen aanbrengen van de rest van het deeg en bestrijk elk vel met gesmolten boter. Smeer er flink wat boter op. Snijd het deeg in een blok van ongeveer 5 cm breed. Bak in een voorverwarmde oven op 180°C/350°F/gasstand 4 gedurende 25 minuten tot ze krokant en goudbruin zijn. Giet de koude siroop erover en laat afkoelen.

Hongaarse stresstrip

Je draagt 16

25 g / 1 oz verse gist of 40 ml / 2½ el droge gist

15 ml / 1 el zachte bruine suiker

300 ml warm water

15 ml / 1 eetlepel boter of margarine

450 g / 1 lb / 4 kopjes volkoren meel.

15 ml / 1 eetlepel melkpoeder (magere melkpoeder)

5 ml / 1 tl gemalen kruidenmix (appeltaart)

2,5 ml / ½ tl zout

1 ei

175 g krenten

100 g / 4 oz / 2/3 kopje rozijnen (gouden rozijnen)

50 g rozijnen

50 g / 2 oz / 1/3 kop gehakte gemengde (gekonfijte) schil

Voor dressing:

75 g / 3 oz / ¾ kopje volkoren (tarwe) bloem.

50 g / 2 oz / ¼ kopje boter of margarine, gesmolten

75 g / 3 oz / 1/3 kopje zachte bruine suiker

25 g / 1 oz / ¼ kopje sesamzaadjes

Voor de vulling:

50 g / 2 oz / ¼ kopje zachte bruine suiker

50 g / 2 oz / ¼ kopje boter of margarine, verzacht

50 g gemalen amandelen

2,5 ml / ½ tl geraspte nootmuskaat

25 g / 2 oz / 1/3 kopje ontpitte pruimen, in plakjes

1 losgeklopt ei

Meng gist en suiker met een beetje warm water en laat 10 minuten op een warme plaats schuimen. Wrijf de boter of margarine door de bloem, voeg de droge melk, het kruidenmengsel en het zout toe en maak een kuiltje in het midden. Voeg het ei, het gistmengsel en het resterende warme water toe en meng tot een deeg. Kneed tot een gladde en elastische massa. Kneed krenten, rozijnen, rozijnen en gemengde schil. Doe in een kom met boter, dek af met geoliede huishoudfolie (plastic folie) en laat 1 uur op een warme plaats staan.

Meng de ingrediënten voor de topping tot ze kruimelig zijn. Om de vulling te maken, meng je de boter of margarine en de suiker en meng je de amandelen en nootmuskaat erdoor. Rol het deeg uit tot een grote rechthoek van ongeveer 1 cm dik. Besmeer met de vulling en bestrooi met pruimen. Rol als een Zwitserse (gelatine) rol, bestrijk de randen met eierwas om te verzegelen. Snijd in plakken van 1/2,5 cm en leg ze in een ingevette bakplaat. Bestrijk met eierwas en besprenkel met het topping-mengsel. Dek af en laat 30 minuten op een warme plaats staan. Bak in een voorverwarmde oven op 220°C/425°F/gasstand 7 gedurende 30 minuten.

Panfort

Maakt een cake van 23 cm / 9 inch

175 g kristalsuiker

175 g / 6 oz / ½ kopje lichte honing

100 g gedroogde vijgen, gehakt

100 g / 4 oz / 2/3 kop gehakte gemengde (gekonfijte) schil

50 g / 2 oz / ¼ kopje geglaceerde (gekonfijte) kersen, gehakt

50 g / 2 oz / ¼ kopje geglazuurde (gekonfijte) ananas, gehakt

175 g / 6 oz / 1½ kopjes geblancheerde amandelen, grof gehakt

100 g walnoten, grof gehakt

100 g / 4 oz / 1 kop hazelnoten, grof gehakt

50 g / 2 oz / ½ kopje bloem voor alle doeleinden

25 g / 1 oz / ¼ kopje cacaopoeder (ongezoete chocolade)

5 ml/1 theelepel gemalen kaneel

Een snufje geraspte nootmuskaat

15 ml / 1 eetlepel poedersuiker (banketbakkers), gezeefd

Los de kristalsuiker op in de honing in een pannetje op laag vuur. Breng aan de kook en laat 2 minuten koken tot een dikke siroop. Meng fruit en noten en voeg bloem, cacao en kruiden toe. Voeg de siroop toe. Giet het mengsel in een sandwichpan van 23 cm / 9 inch (de bakvorm) bekleed met rijstpapier. Bak in een voorverwarmde oven op 180°C/350°F/gasstand 4 gedurende 45 minuten. Laat 15 minuten in de vorm afkoelen en stort dan op een rooster om af te koelen. Bestrooi voor het serveren met poedersuiker.

Lintcake met pasta

Maakt een cake van 23 cm / 9 inch

300 g bloem voor alle doeleinden

50 g / 2 oz / ¼ kopje boter of margarine, gesmolten

3 losgeklopte eieren

een snufje zout

225 g / 8 oz / 2 kopjes gehakte amandelen

200 g / 7 oz / een beetje 1 kop basterdsuiker (superfijn)

geraspte schil en sap van 1 citroen

90 ml / 6 eetlepels kirsch

Doe de bloem in een kom en maak een kuiltje in het midden. Voeg boter, eieren en zout toe en meng tot een gladde massa. Dun uitrollen en in smalle reepjes snijden. Meng amandelen, suiker en citroenschil. Vet een taartvorm (vorm) van 23 cm doorsnee in en bestuif met bloem. Leg een laag pastalint op de bodem van de vorm, strooi er wat van het amandelmengsel over en strooi er wat kirsch over. Ga door met het aanbrengen van laagjes en eindig met een laagje pasta. Dek af met waterdicht (was)papier en bak 1 uur op 180°C/350°F/gasstand 4. Draai voorzichtig en serveer warm of koud.

Italiaanse rijstcake met Grand Marnier

Maakt een cake van 20 cm / 8 inch

1,5 liter / 2½ punten / 6 kopjes melk

een snufje zout

350 g / 12 oz / 1½ kopjes arborio of andere halfkorrelige rijst

geraspte schil van 1 citroen

60 ml / 4 el basterdsuiker (superfijn)

3 eieren

25 g / 1 oz / 2 el boter of margarine

1 eigeel

30 ml / 2 el gehakte gemengde (gekonfijte) schil

225 g / 8 oz / 2 kopjes gesneden (vlokken) amandelen, geroosterd

45 ml / 3 el Grand Marnier

30 ml / 2 el droge paneermeel

Kook de melk en het zout in een dikke pan, voeg de rijst en de citroenschil toe, dek af en laat 18 minuten sudderen, af en toe roeren. Haal van het vuur en voeg suiker, eieren en boter of margarine toe en laat opwarmen. Roer de eierdooier, gemengde schelp, walnoten en Grand Marnier erdoor. Vet een taartvorm (vorm) van 20 cm doorsnee in en bestrooi met paneermeel. Giet het mengsel in de vorm en bak in de voorverwarmde oven op 150°C / 300°F / gasstand 2 gedurende 45 minuten tot een in het midden gestoken satéprikker er schoon uitkomt. Laat afkoelen in de schaal, pak uit en serveer warm.

Siciliaans biscuitgebak

Maakt een cake van 23 x 9 cm / 7 x 3½

450 g / 1 kilo Madeiracake

Voor de vulling:

450 g / 1 lb / 2 kopjes ricotta

50 g / 2 oz / ¼ kopje poedersuiker (superfijn)

30 ml / 2 el slagroom (zwaar)

30 ml / 2 el gehakte gemengde (gekonfijte) schil

15 ml / 1 el gehakte amandelen

30 ml / 2 el sinaasappellikeur

50 g pure (halfzoete) chocolade, geraspt

Voor het glazuur (icing):

350 g pure chocolade (halfzoet)

175 ml sterke zwarte koffie

225 g ongezouten boter of margarine (zoet)

Snijd de biscuit in de lengte in plakken van 1 cm / ½. Druk voor de vulling de ricotta door een zeef en mix tot een gladde massa. Klop suiker, room, gemengde schelp, amandelen, likeur en chocolade. Schik de cakelagen en het ricottamengsel in een bakblik van 450 g / 1 lb bedekt met folie en eindig met een cakevorm. Vouw de folie eroverheen en zet 3 uur in de koelkast tot het stevig is.

Smelt voor het glazuur de chocolade en koffie in een hittebestendige kom boven een pan met kokend water. Roer de boter of margarine erdoor en blijf kloppen tot het mengsel glad is. Laat het afkoelen tot het dikker wordt.

Haal de cake uit de folie en plaats deze op de serveerschaal. Spreid of verdeel het glazuur over de bovenkant en zijkanten van de cake en markeer de patronen met een vork, indien gewenst. Koel tot stijf.

Italiaanse ricottacake

Maakt een cake van 25 cm / 10 inch

Voor de saus:

225 g frambozen

250 ml / 8 fl oz / 1 kopje water

50 g / 2 oz / ¼ kopje poedersuiker (superfijn)

30 ml / 2 el maizena (maizena)

Voor de vulling:

450 g / 1 lb / 2 kopjes ricotta

225 g / 8 oz / 1 kop roomkaas

75 g / 3 oz / 1/3 kopje poedersuiker (super fijn)

5 ml / 1 tl vanille-essence (extract)

geraspte schil van 1 citroen

Geraspte schil van 1 sinaasappel

Een engelentaart van 25 cm / 10 inch

Om de saus te maken, meng je de ingrediënten tot een gladde massa, giet je het in een kleine steelpan en kook je op middelhoog vuur, al roerend, tot de saus dikker wordt en kookt. Zeef en gooi de zaden weg als je dat liever hebt. Dek af en zet in de koelkast.

Om de vulling te maken, meng je alle ingrediënten tot ze goed gecombineerd zijn.

Snijd de cake horizontaal in drie lagen en verdeel tweederde van de vulling, verdeel de rest erover. Dek af en laat afkoelen tot serveren met de saus eroverheen gegoten.

Italiaanse noedelcake

Maakt een cake van 23 cm / 9 inch

225 g noedels

4 eieren, gescheiden

200 g / 7 oz / een beetje 1 kop basterdsuiker (superfijn)

225 g ricottakaas

2,5 ml / ½ tl gemalen kaneel

2,5 ml / ½ theelepel gemalen kruidnagel

een snufje zout

50 g / 2 oz / ½ kopje bloem voor alle doeleinden

50 g rozijnen

45 ml / 3 el lichte honing

Enkele (lichte) of dubbele (zware) room om te serveren

Breng een grote pan water aan de kook, voeg de pasta toe en kook 2 minuten. Giet af en spoel af met koud water. Klop de eidooiers met de suiker bleek en luchtig. Meng de ricotta, kaneel, kruidnagel en zout en voeg dan de bloem toe. Voeg rozijnen en pasta toe. Klop de eiwitten tot zachte pieken en spatel ze dan door het cakemengsel. Giet in een ingevette en met bakpapier beklede cakevorm van 23 cm/9" (de vorm) en bak in een voorverwarmde oven op 200°C/400°F/gasstand 6 in 1 uur goudbruin. Verwarm de honing voorzichtig en giet over de hete biscuit cake Serveer warm met slagroom.

Italiaanse cake met walnoot en mascarpone

Maakt een cake van 23 cm / 9 inch

450 g bladerdeeg

175 g mascarponekaas

50 g / 2 oz / ¼ kopje poedersuiker (superfijn)

30 ml / 2 el abrikozenjam (reserve)

3 eierdooiers

50 g / 2 oz / ½ kopje walnoten, gehakt

100 g / 4 oz / 2/3 kop gehakte gemengde (gekonfijte) schil

Fijngeraspte schil van 1 citroen

Icing (banketbakkers) suiker, gezeefd, voor glazuur

Rol het deeg uit en gebruik de helft om een ingevette vorm van 23 cm lang te bekleden. Klop mascarpone los met suiker, jam en 2 eierdooiers. Bewaar 15 ml/1 el walnoten voor de garnering en spatel de rest door het mengsel van schil en citroenschil. Doe in de taartvorm (taartvorm). Bedek de vulling met de rest van het deeg (pasta), bevochtig en verzegel de randen. Klop de rest van de eidooier los en verdeel erover. Bak in een voorverwarmde oven op 200°C/400°F/gasstand 6 gedurende 35 minuten tot ze gerezen en goudbruin zijn. Strooi de gereserveerde walnoot erover en bestrooi met poedersuiker.

Hollandse appeltaart

Maakt 8 porties

150 g / 5 oz / 2/3 kopje boter of margarine

225 g / 8 oz / 2 kopjes bloem voor alle doeleinden

5 ml/1 theelepel bakpoeder

2 eieren, gescheiden

10 ml / 2 theelepels citroensap

900 g / 2 lb kokende (zure) appels, geschild, klokhuis verwijderd en in plakjes gesneden

175 g / 6 oz / 1 kopje kant-en-klare gedroogde abrikozen, in vieren

100 g rozijnen

30 ml / 2 eetlepels water

5 ml/1 theelepel gemalen kaneel

50 g gemalen amandelen

Wrijf de boter of margarine door de bloem en het bakpoeder tot het mengsel op broodkruimels lijkt. Voeg de eidooiers en 5 ml/1 tl citroensap toe en mix tot een gladde massa. Rol tweederde van het deeg (deeg) uit en bekleed een ingevette vorm van 9/23 cm.

Doe de appelschijfjes, abrikozen en rozijnen in een pan met de rest van het citroensap en het water. Laat 5 minuten koken en giet dan af. Giet het fruit in de taartvorm. Meng kaneel en gemalen amandelen erdoor en strooi erover. Rol de rest van het deeg uit en maak een deksel voor de cake. Maak de rand dicht met een beetje water en bestrijk de bovenkant met eiwit. Bak in een voorverwarmde oven op 180°C/350°F/gasstand 4 gedurende ongeveer 45 minuten tot ze stevig en goudbruin zijn.

normale Noorse cake

Maakt een cake van 25 cm / 10 inch

225 g / 8 oz / 1 kopje boter of margarine, verzacht

275 g / 10 oz / 1¼ kopjes poedersuiker (superfijn)

5 eieren

175 g / 6 oz / 1½ kopje bloem voor alle doeleinden

7,5 ml / 1½ tl bakpoeder

een snufje zout

5 ml / 1 tl amandelessence (extract)

Roer boter of margarine en suiker tot alles goed gemengd is. Voeg geleidelijk de eieren toe en klop goed na elke toevoeging. Meng bloem, bakpoeder, zout en amandelessence tot een gladde massa. Giet in een niet-ingevette cakevorm van 25 cm / 10 (bakplaat) en bak in een voorverwarmde oven op 160 ° C / 320 ° F / gasstand 3 gedurende 1 uur tot het stevig aanvoelt. Laat 10 minuten in de vorm afkoelen voordat je ze op een rooster legt om af te koelen.

Noorse kranstaart

Maakt een cake van 25 cm / 10 inch

450 g gemalen amandelen

100 g gemalen bittere amandelen

450 g / 1 lb / 22/3 kopjes poedersuiker (banketbakkers)

3 eiwitten

Voor het glazuur (icing):

75 g / 3 oz / ½ kopje basterdsuiker (banketbakkers)

½ eiwit

2,5 ml / ½ tl citroensap

Meng de amandelen en poedersuiker in een pan. Voeg een eiwit toe en verwarm het mengsel op laag vuur tot het warm is. Haal het van het vuur en meng het met de rest van het eiwit. Doe het mengsel in een spuitzak met een gekartelde spuitmond van 1 cm/½ inch (tip). En plaats een spiraal van 25 cm / 10 in. in diameter op een ingevette bakplaat (voor taarten). Ga door in spiralen, elk 5 mm / ¼ in kleiner dan de vorige, tot je een cirkel hebt van 5 cm / 2. Bak in een voorverwarmde oven op 150 ° C / 300 ° F / gasstand 2 gedurende ongeveer. 15 minuten goudbruin. Terwijl ze nog warm zijn, stapel je ze op elkaar om een toren te vormen.

Meng de ingrediënten voor het glazuur en spuit met een fijne spuitmond zigzaglijnen over de cake.

Portugees gebak met kokos

12 nu

4 eieren, gescheiden

450 g / 1 lb / 2 kopjes basterdsuiker (superfijn)

450 g / 1 lb / 4 kopjes gedroogde kokosnoot (geraspt)

100 g / 4 oz / 1 kopje rijstmeel

50 ml / 2 fl oz / 3½ el rozenwater

1,5 ml / ¼ theelepel gemalen kaneel

1,5 ml / ¼ theelepel gemalen kardemom

Een snufje gemalen kruidnagel

Een snufje geraspte nootmuskaat

25 g / 1 oz / ¼ kopje amandelschilfers (in plakjes)

Klop eidooiers en suiker tot bleek. Voeg kokos toe en voeg dan bloem toe. Voeg rozenwater en kruiden toe. Klop de eiwitten stijf en spatel ze dan door het mengsel. Giet in een ingevette vierkante pan van 25 cm / 10 inch en strooi de amandelen erover. Bak in een voorverwarmde oven op 180°C / 350°F / gasovenstand 4 gedurende 50 minuten tot een in het midden gestoken satéprikker er schoon uitkomt. Laat het 10 minuten in de pan afkoelen en snijd het dan in vierkanten.

Tosca Scandinavische cake

Maakt een cake van 23 cm / 9 inch

2 eieren

150 g / 5 oz / 2/3 kopje zachte bruine suiker

50 g / 2 oz / ¼ kopje boter of margarine, gesmolten

10 ml / 2 tl geraspte sinaasappelschil

150 g bloem voor alle doeleinden

7,5 ml / 1½ tl bakpoeder

60 ml / 4 el slagroom (zwaar)

Voor dressing:

50 g / 2 oz / ¼ kopje boter of margarine

50 g / 2 oz / ¼ kopje poedersuiker (superfijn)

100 g / 4 oz / 1 kop gesneden amandelen

15 ml / 1 el slagroom (zwaar)

30 ml / 2 eetlepels bloem voor alle doeleinden

Klop eieren en suiker licht en luchtig. Voeg boter of margarine en sinaasappelschil toe en voeg dan bloem en bakpoeder toe. Voeg de room toe. Giet het mengsel in een ingevette en met bakpapier beklede cakevorm van 23 cm/9" en bak in een voorverwarmde oven op 180°C/350°C/gasstand 4 gedurende 20 minuten.

Om de topping te maken, verwarm je de ingrediënten in een pan, roer tot alles goed gemengd is en breng aan de kook. Giet over de taart. Verhoog de oventemperatuur tot 200°C / 400°F / gasstand 6 en zet de cake terug in de oven voor nog eens 15 minuten tot hij bruin is.

Hertzog koekjes uit Zuid-Afrika

12 nu

75 g bloem voor alle doeleinden

15 ml / 1 el poedersuiker (superfijn)

5 ml/1 theelepel bakpoeder

een snufje zout

40 g / 1½ oz / 3 el boter of margarine

1 groot eigeel

5 ml/1 theelepel melk

Voor de vulling:

30 ml / 2 el abrikozenjam (reserve)

1 groot eiwit

100 g / 4 oz / ½ kopje basterdsuiker (superfijn)

50 g / 2 oz / ½ kopje gedroogde kokosnoot (versnipperd)

Meng bloem, suiker, bakpoeder en zout. Wrijf boter of margarine erdoor tot het mengsel op broodkruimels lijkt. Meng de eierdooier en voldoende melk erdoor tot een soepel deeg. Kneed goed. Rol het deeg uit op een licht met bloem bestoven oppervlak, snijd het in cirkels met een koekjessnijder en gebruik het om de beboterde empanadas te bedekken. Leg in het midden van elk een lepel jam.

Klop voor de vulling de eiwitten stijf en voeg dan de suiker toe tot ze stijf en glanzend zijn. Voeg kokosnoot toe. Giet de vulling in de taarten (taartjes) en zorg ervoor dat de jam bedekt is. Bak in een voorverwarmde oven op 180°C/350°F/gasstand 4 gedurende 20 minuten tot ze goudbruin zijn. Laat 5 minuten in de vormen afkoelen voordat u ze op een rooster plaatst om verder af te koelen.

Baskische taart

Maakt een cake van 25 cm / 10 inch

Voor de vulling:
50 g / 2 oz / ¼ kopje poedersuiker (superfijn)

25 g maïsmeel (maizena)

2 eierdooiers

300 ml melk

½ vanillestokje

Een beetje poedersuiker (zoetwaren)

Voor de taart:
275 g / 10 oz / 1¼ kopjes boter of margarine, verzacht

175 g / 5 oz / ¼ kopje basterdsuiker (superfijn)

3 eieren

5 ml / 1 tl vanille-essence (extract)

450 g / 1 lb / 4 kopjes bloem voor alle doeleinden

10 ml / 2 theelepels bakpoeder

een snufje zout

15 ml/1 eetlepel cognac

Icing (banketbakkers) suiker voor glazuur

Meng voor de vulling de helft van de poedersuiker met de maïzena, de eidooiers en een beetje melk. Kook de rest van de melk en suiker samen met het vanillestokje en giet het dan langzaam onder voortdurend kloppen bij het suiker-eimengsel. Breng aan de kook en laat 3 minuten koken onder voortdurend roeren. Giet in een kom, bestrooi met poedersuiker om velvorming te voorkomen en laat afkoelen.

Om de cake licht en luchtig te maken, roomboter of margarine en poedersuiker samen. Voeg geleidelijk eieren en vanille-essence toe, afwisselend met lepels bloem, bakpoeder en zout, en voeg dan de rest van de bloem toe. Breng het mengsel over in een standaard taartvorm van 1 cm / ½ voorzien van een mondstuk (tip) en spuit de helft van het mengsel in een spiraal op de bodem van een ingevette en met bloem bestoven cakevorm van 25 cm / 10 cm (de vorm). een cirkel bovenop rond de rand om een rand te vormen met de vulling. Haal de vanillestokjes uit de vulling, voeg de cognac toe en klop tot een gladde massa, giet dan over het cakemengsel. Verdeel de rest van het spiraalcakemengsel erover. Bak in een voorverwarmde oven op 190°C/375°F/gasstand 5 gedurende 50 minuten tot ze goudbruin en stevig aanvoelen. Laat afkoelen en bestrooi met poedersuiker.

Amandelprisma en roomkaas

Maakt een cake van 23 cm / 9 inch

200 g / 7 oz / 1¾ kopjes boter of margarine, verzacht

100 g / 4 oz / ½ kopje basterdsuiker (superfijn)

1 ei

200 g / 7 oz / iets minder dan 1 kopje roomkaas

5 ml/1 theelepel citroensap

2,5 ml / ½ tl gemalen kaneel

75 ml / 5 lepels cognac

90 ml / 6 el melk

30 zoete taarten

Voor het glazuur (icing):

60 ml / 4 el basterdsuiker

30 ml / 2 el cacaopoeder (ongezoete chocolade)

100 g pure chocolade (halfzoet)

60 ml / 4 eetlepels water

50 g / 2 oz / ¼ kopje boter of margarine

100 g / 4 oz / 1 kop geschaafde amandelen (in plakjes)

Klop boter of margarine en suiker licht en luchtig. Klop eieren, roomkaas, citroensap en kaneel. Leg een groot vel aluminiumfolie op een werkvlak. Meng cognac en melk. Doop 10 koekjes in het cognacmengsel en leg twee koekjes hoog en vijf breed op de folie. Verdeel het kaasmengsel over de koekjes. Dompel de resterende koekjes in brandewijn en melk en leg ze op het mengsel om een lange driehoekige vorm te krijgen. Wikkel in folie en laat een nacht rusten.

Breng voor het glazuur de suiker, cacao, chocolade en water aan de kook in een kleine steelpan en laat 3 minuten sudderen. Haal van het vuur en voeg de boter toe. Het koelt een beetje af. Verwijder de folie van de cake en verdeel het chocolademengsel erover. Knijp de amandelen uit terwijl ze nog warm zijn. Koel tot het is ingesteld.

Kasteel Zwarte Woud

Maakt een cake van 18 cm / 7 inch

175 g / 6 oz / ¾ kopje boter of margarine, verzacht

175 g / 6 oz / ¾ kopje basterdsuiker (superfijn)

3 eieren, licht losgeklopt

150 g / 5 oz / 1¼ kopjes zelfrijzend bakmeel (gist).

25 g / 1 oz / ¼ kopje cacaopoeder (ongezoete chocolade)

10 ml / 2 theelepels bakpoeder

90 ml / 6 el kersenjam (reserve)

100 g pure (halfzoete) chocolade, fijn geraspt

400 g / 14 oz / 1 groot blik zwarte kersen, uitgelekt en sap bewaard

150 ml / ¼ pt / 2/3 kopje room (zwaar)

10 ml / 2 tl arrowroot

Klop boter of margarine en suiker licht en luchtig. Voeg geleidelijk de eieren toe en voeg dan de bloem, cacao en bakpoeder toe. Verdeel het mengsel over twee ingevette en beklede 18 cm / 7 sandwichvormen (trays) en bak in de oven voorverwarmd tot 180 ° C / 350 ° F / gasstand 4 gedurende 25 minuten tot het stevig aanvoelt. Laat het afkoelen.

Smeer de cakes samen met een beetje jam en verdeel de rest over de zijkanten van de cake. Druk de geraspte chocolade op de zijkanten van de cake. Schik de kersen er mooi bovenop. Smeer de room rond de bovenrand van de cake. Verwarm de arrowroot met een beetje kersensap en verdeel over het fruit voor het glazuur.

Chocolade en amandelcake

Maakt een cake van 23 cm / 9 inch

100 g pure chocolade (halfzoet)

100 g / 4 oz / ½ kopje boter of margarine, verzacht

150 g poedersuiker (superfijn)

3 eieren, gescheiden

50 g gemalen amandelen

100 g bloem voor alle doeleinden

                    Voor de vulling:
225 g pure chocolade (halfzoet)

300 ml / ½ pt / 1¼ kopjes slagroom (zwaar)

75 g frambozenjam (reserve)

Smelt de chocolade in een hittebestendige kom boven een pan kokend water. Roer boter of margarine en suiker door elkaar en voeg dan chocolade en eidooiers toe. Voeg gemalen amandelen en bloem toe. Klop de eiwitten stijf en spatel ze dan door het mengsel. Giet in een ingevette en met bakpapier beklede cakevorm van 23 cm/9" en bak in een voorverwarmde oven op 180°C/gasstand 4 gedurende 40 minuten tot hij stevig aanvoelt. Laat afkoelen en snijd de cake dan horizontaal doormidden.

Smelt voor de vulling de chocolade en room in een hittebestendige kom boven een pan met kokend water. Mix tot een gladde massa, laat afkoelen, af en toe roeren. Bestrijk de cakes met de jam en de helft van de chocoladeroom, verdeel de rest van de room over de boven- en zijkanten van de cake en laat even staan.

chocolade kwarktaart

Maakt een cake van 23 cm / 9 inch

Voor de basis:

25 g / 1 oz / 2 eetlepels basterdsuiker (superfijn)

175 g / 6 oz / 1½ kopjes digestieve crackerkruimels (graham crackers)

75 g / 3 oz / 1/3 kopje boter of margarine, gesmolten

Voor de vulling:

100 g pure chocolade (halfzoet)

300 g / 10 oz / 1¼ kopjes roomkaas

3 eieren, gescheiden

45 ml / 3 el cacaopoeder (ongezoete chocolade)

25 g / 1 oz / ¼ kopje bloem voor alle doeleinden

50 g / 2 oz / ¼ kopje zachte bruine suiker

150 ml room

50 g / 2 oz / ¼ kopje poedersuiker (superfijn) Voor decoratie:

100 g pure chocolade (halfzoet)

25 g / 1 oz / 2 el boter of margarine

120 ml/½ kopje room (zwaar)

6 geglaceerde kersen (gekonfijt)

Meng voor de basis suiker en crackerkruimels met de gesmolten boter en druk deze in de bodem en zijkanten van een ingevette taartvorm (9/23 cm).

Smelt voor de vulling de chocolade in een hittebestendige kom boven een pan met kokend water. Het koelt een beetje af. Klop de kaas met de eierdooiers, cacao, bloem, bruine suiker en room en roer de gesmolten chocolade erdoor. Klop de eiwitten tot er zachte pieken ontstaan, voeg dan de poedersuiker toe en klop opnieuw tot het stijf en glanzend is. Vouw het mengsel met een metalen lepel en plaats het op de basis, egaliseer het oppervlak. Bak in een voorverwarmde oven op 160°C/325°F/gasstand 3 gedurende 1½ uur. Zet de oven uit en laat de cake in de oven afkoelen met de deur op een kier. Koel tot het stevig is en haal het dan uit de pan.

Smelt voor het decoreren de chocolade en boter of margarine in een hittebestendige kom boven een pan met kokend water. Haal het van het vuur en laat het iets afkoelen, voeg dan de room toe. Rol de chocolade in patronen over de cake en versier met geglaceerde kersen.

chocolade fudge cake

Maakt een cake van 20 cm / 8 inch

75 g / 3 oz / ¾ kopje gewone (halfzoete) chocolade, gehakt

200 ml / 7 fl oz / ongeveer 1 kopje melk

225 g / 8 oz / 1 kopje donkerbruine suiker

75 g / 3 oz / 1/3 kopje boter of margarine, verzacht

2 eieren, licht losgeklopt

2,5 ml / ½ tl vanille-essence (extract)

150 g bloem voor alle doeleinden

25 g / 1 oz / ¼ kopje cacaopoeder (ongezoete chocolade)

5 ml / 1 tl zuiveringszout (zuiveringszout)

Voor het glazuur (icing):
100 g pure chocolade (halfzoet)

100 g / 4 oz / ½ kopje boter of margarine, verzacht

225 g banketbakkerssuiker, gezeefd

Chocoladevlokken of -krullen om te versieren

Smelt de chocolade, melk en 75 g / 3 oz / 1/3 kopje suiker in een pan en laat iets afkoelen. Klop de resterende boter en suiker licht en luchtig. Voeg geleidelijk eieren en vanille-essence toe en voeg vervolgens het chocolademengsel toe. Meng voorzichtig de bloem, cacao en baking soda erdoor. Giet het mengsel in twee ingevette en beklede bakvormen van 20 cm / 8 en bak in een voorverwarmde oven op 180 ° C / 350 ° F / gasovenstand 4 gedurende 30 minuten tot ze veerkrachtig aanvoelen. Laat 3 minuten in de vorm afkoelen en plaats dan terug op een rooster om verder af te koelen.

Smelt voor het glazuur de chocolade in een hittebestendige kom boven een pan met kokend water. Roer boter of margarine en suiker glad en voeg dan de gesmolten chocolade toe. Smeer een derde van het glazuur op de cakes en verdeel de rest over de bovenkant en zijkanten van de cake. Versier de bovenkant met gemalen vlokken of maak krullen door met een scherp mes langs de zijkant van een snoepje te schrapen.

Johannesbrood en muntcake

Maakt een cake van 20 cm / 8 inch

3 eieren

50 g / 2 oz / ¼ kopje poedersuiker (superfijn)

75 g / 3 oz / 1/3 kopje zelfrijzend bakmeel (gist)

25 g johannesbroodpoeder

150 ml slagroom

Een paar druppels pepermuntessence (extract)

50 g / 2 oz / ½ kopje gehakte gemengde noten

Klop de eieren tot bleek. Voeg de suiker toe en ga door tot het mengsel bleek en romig is en bij het kloppen in reepjes loslaat. Dit kan 15 tot 20 minuten duren. Meng bloem en johannesbroodpoeder en roer dit door het eimengsel. Giet in twee ingevette en ingevette taartvormen van 20 cm / 18 (trays) en bak in een voorverwarmde oven op 180 ° C / 350 ° F / gasovenstand 4 gedurende 15 minuten tot ze veerkrachtig aanvoelen. Koud.

Klop de slagroom tot zachte pieken, voeg de essence en de noten toe. Snijd elk koekje horizontaal doormidden en pers alle koekjes samen met de room uit.

IJskoffie porta

Maakt een cake van 18 cm / 7 inch

225 g boter of margarine

100 g / 4 oz / ½ kopje basterdsuiker (superfijn)

2 eieren, licht losgeklopt

100 g zelfrijzend bakmeel

een snufje zout

30 ml / 2 el koffie-essence (extract)

100 g / 4 oz / 1 kop geschaafde amandelen (in plakjes)

225 g banketbakkerssuiker, gezeefd

Klop de helft van de boter of margarine en de poedersuiker licht en luchtig. Klop de eieren beetje bij beetje erdoor en voeg dan de bloem, het zout en 15 ml/1 el koffie-essence toe. Giet het mengsel in twee ingevette en beklede sandwichvormen van 7/18 cm (trays) en bak in een voorverwarmde oven op 180°C/350°F/gasstand 4 gedurende 25 minuten tot het stevig aanvoelt. Laat het afkoelen. Doe de amandelen in een droge pan (pan) en bak ze op middelhoog vuur, onder voortdurend roeren, tot ze bruin worden.

Klop de resterende boter of margarine zacht en voeg dan geleidelijk de poedersuiker en de rest van de koffie-essence toe tot het een smeerbare consistentie heeft. Smeer de cakes samen met een derde van de frosting (glazuur). Smeer de helft van het resterende glazuur op de zijkanten van de cake en druk de geroosterde amandelen in het glazuur. Verdeel de rest over de bovenkant van de cake en markeer de patronen met een vork.

Koffiering Gâteau en noot

Maakt een cake van 23 cm / 9 inch

Voor de taart:

15 ml / 1 lepel oploskoffiepoeder

15 ml/1 lepel melk

100 g zelfrijzend bakmeel

5 ml/1 theelepel bakpoeder

100 g / 4 oz / ½ kopje boter of margarine, verzacht

100 g / 4 oz / ½ kopje basterdsuiker (superfijn)

2 eieren, licht losgeklopt

Voor de vulling:

45 ml / 3 el abrikozenjam (uit blik), gezeefd

15 ml/1 eetlepel water

10 ml / 2 theelepels oploskoffiepoeder

30 ml / 2 el melk

100 g banketbakkerssuiker, gezeefd

50 g / 2 oz / ¼ kopje boter of margarine, verzacht

50 g / 2 oz / ½ kopje walnoten, gehakt

Voor het glazuur (icing):

30 ml / 2 lepels oploskoffiepoeder

90 ml / 6 el melk

450 g banketbakkerssuiker, gezeefd

50 g / 2 oz / ¼ kopje boter of margarine

Enkele walnoothelften om te versieren

Los voor het maken van de cake de koffie op in de melk, meng het met de rest van de cake-ingrediënten en klop tot alles goed gemengd is. Giet in een ingevette ringvorm van 23 cm (9 inch) en bak in een voorverwarmde oven op 160°C / 325°F / gasstand 3 gedurende 40 minuten tot het veerkrachtig aanvoelt. Laat 5 minuten in de vorm afkoelen en leg ze dan op een rooster om af te koelen. Snijd de cake horizontaal doormidden.

Om de vulling te maken, verwarm je de jam en het water tot ze goed gecombineerd zijn en borstel je de snijvlakken van de cake ermee. Los de koffie op in de melk, meng vervolgens de poedersuiker met boter of margarine en noten en klop tot een smeerbare consistentie. Besmeer de twee helften van de cake met de vulling.

Om het glazuur te maken, los je de koffie op in de melk in een hittebestendige kom die je boven een pan met kokend water plaatst. Voeg de poedersuiker en boter of margarine toe en klop tot een gladde massa. Haal van het vuur en laat afkoelen en indikken tot een laagconsistentie, af en toe roeren. Giet het glazuur over de cake, decoreer met halve walnoten en laat even staan.

Deense cake met chocolade en room

Maakt een cake van 23 cm / 9 inch

4 eieren, gescheiden

175 g banketbakkerssuiker, gezeefd

Geraspte schil van ½ citroen

60 g bloem voor alle doeleinden

60 g aardappelmeel

2,5 ml / ½ tl bakpoeder

Voor de vulling:

45 ml / 3 el poedersuiker (superfijn)

15 ml / 1 el maizena (maizena)

300 ml melk

3 losgeklopte eidooiers

50 g / 2 oz / ½ kopje gehakte gemengde noten

150 ml / ¼ st / 2/3 kopje room (zwaar)

Voor dressing:

100 g pure chocolade (halfzoet)

30 ml / 2 el slagroom (zwaar)

25 g / 1 oz / ¼ kopje witte chocolade, geraspt of in krullen gesneden

Klop de eierdooiers los met poedersuiker en citroenrasp. Voeg bloem en bakpoeder toe. Klop de eiwitten stijf en spatel ze met een metalen lepel door het mengsel. Giet in een ingevette en met bakpapier beklede cakevorm van 23 cm/9" en bak in een voorverwarmde oven op 190°C/375°F/gasstand 5 gedurende 20 minuten tot ze goudbruin en veerkrachtig aanvoelt. Laat 5 minuten in de vorm afkoelen. minuten daarna overbrengen naar een rooster om af te koelen Snijd de cake horizontaal in drie lagen.

Meng voor de vulling suiker en maïzena tot een pasta met een beetje melk. Kook de resterende melk, giet dan over het maïsmeelmengsel en meng goed. Doe terug in de afgespoelde pan en roer continu op zeer laag vuur tot de room dikker wordt. Klop de eidooiers op heel laag vuur los zonder de room te laten koken. Laat iets afkoelen en voeg dan de noten toe. Klop de slagroom stijf en spatel hem dan door de custard. Verdeel de lagen samen met de room.

Smelt voor de topping de chocolade met de slagroom in een hittebestendige kom boven een pan met kokend water. Het wordt uitgesmeerd over de taart en gedecoreerd met geraspte witte chocolade.

port fruit

Maakt een cake van 20 cm / 8 inch

1 kook(taart)appel, geschild, klokhuis verwijderd en in stukjes gesneden

25 g / 1 oz / ¼ kopje gedroogde vijgen, gehakt

25 g / 1 oz / ¼ kopje rozijnen

75 g / 3 oz / 1/3 kopje boter of margarine, verzacht

2 eieren

175 g / 6 oz / 1½ kopjes volkoren (tarwe)meel

5 ml/1 theelepel bakpoeder

30 ml / 2 el magere melk

15 ml / 1 el gelatine

30 ml / 2 eetlepels water

400 g / 14 oz / 1 groot blik ananas, uitgelekt

300 ml verse kaas

150 ml slagroom

Meng appels, vijgen, rozijnen en boter of margarine. Sla de eieren. Voeg de bloem en het bakpoeder en voldoende melk toe om tot een glad mengsel te mengen. Giet in een ingevette cakevorm van 20 cm / 8 en bak in een voorverwarmde oven op 180 ° C / 350 ° F / gasovenstand 4 gedurende 30 minuten tot het stevig aanvoelt. Haal uit de pan en laat afkoelen op een rooster.

Om de vulling te maken, strooi je de gelatine over het water in een kleine kom en laat je het luchtig worden. Zet het gerecht in een pan met heet water en laat het staan tot het is opgelost. Het koelt een beetje af. Voeg ananas, verse kaas en room toe en laat afkoelen tot het gestold is. Snijd de cake horizontaal doormidden en smeer deze in met de slagroom.

fruit savarine

Maakt een cake van 20 cm / 8 inch

15 g / ½ oz verse gist of 20 ml / 4 tl droge gist

45 ml / 3 el warme melk

100 g / 4 oz / 1 kopje hard gewoon (brood) meel

een snufje zout

5 ml/1 theelepel suiker

2 losgeklopte eieren

50 g / 2 oz / ¼ kopje boter of margarine, verzacht

Voor de siroop:

225 g / 8 oz / 1 kopje basterdsuiker (super fijn)

300 ml / ½ pt / 1¼ kopjes water

45 ml / 3 el kirsch

Voor de vulling:

2 bananen

100 g gesneden aardbeien

100 g frambozen

Meng gist en melk en voeg dan 15 ml/1 el bloem toe. Laat het zitten tot het schuimig is. Voeg de rest van de bloem, zout, suiker, eieren en boter toe en klop tot een homogene massa. Giet in een savarina-pan van 20 cm, ingevet met bloem of met ringen (buispan) en laat ongeveer 45 minuten op een warme plaats staan tot het mengsel bijna de bovenkant van de pan bereikt. Bak in de voorverwarmde oven gedurende 30 minuten tot ze goudbruin zijn en uit de zijkanten van de pan slinken. Leg een rooster op een bakplaat en prik er met een satéprikker gaatjes in.

Bereid de siroop terwijl de savarin kookt. Los de suiker op laag vuur op in het water, af en toe roerend. Breng aan de kook en kook zonder te roeren in 5 minuten tot stroperig. Vouw de kirsch erdoor. Giet de hete siroop over savarin tot deze verzadigd is. Laat het afkoelen.

Snijd de bananen in dunne plakjes en meng ze met het andere fruit en de siroop die op de bakplaat is gedruppeld. Schik de savaria op een bord en schenk vlak voor het serveren het fruit in het midden.

cake met gemberlaag

Maakt een cake van 18 cm / 7 inch

100 g zelfrijzend bakmeel

5 ml/1 theelepel bakpoeder

100 g / 4 oz / ½ kopje boter of margarine, verzacht

100 g / 4 oz / ½ kopje basterdsuiker (superfijn)

2 eieren

Voor vulling en decoratie:

150 ml slagroom of slagroom (zwaar)

100 g gemberjam

4 peperkoekkoekjes, geplet

Een paar stukjes gekristalliseerde gember (gekonfijt)

Meng alle ingrediënten voor de cake tot ze goed gecombineerd zijn. Giet in twee ingevette en beklede sandwichvormen van 18 cm/7 inch en bak in een voorverwarmde oven op 160°C/325°F/gasstand 3 gedurende 25 minuten, tot ze goudbruin en veerkrachtig aanvoelen. Laat 5 minuten afkoelen in de vormpjes en zet dan terug op een rooster om verder af te koelen. Snijd elke cake horizontaal doormidden.

Om de vulling te maken, klop je de slagroom dik. Besmeer de onderste laag van een cake met de helft van de jam en leg de tweede laag erop. Smeer met de helft van de room en dek af met de volgende laag. Smeer met de resterende jam en dek af met de laatste laag. Verdeel de resterende room erover en versier met koekkruimels en gekonfijte gember.

Stoofpotje van druiven en perzik

Maakt een cake van 20 cm / 8 inch

4 eieren

100 g / 4 oz / ½ kopje basterdsuiker (superfijn)

75 g / 6 oz / 1½ kopje bloem voor alle doeleinden

een snufje zout

Voor vulling en decoratie:

100 g / 14 oz / 1 groot blik perziken op siroop

450 ml / ¾ pt / 2 kopjes slagroom (zwaar)

50 g / 2 oz / ¼ kopje poedersuiker (superfijn)

Enkele druppels vanille-essence (extract)

100 g / 4 oz / 1 kop hazelnoten, gehakt

100 g / 4 oz pitloze druiven (zaden)

Een takje verse munt

Klop de eieren en suiker tot het mengsel dik en bleek is en in reepjes van de klopper komt. Zeef de bloem en het zout en meng voorzichtig tot een gladde massa. Doe in een met bakpapier beklede springvorm (pan) van 20 cm en bak in een voorverwarmde oven op 180°C / 350°F / gasstand 4 gedurende 30 minuten tot een in het midden gestoken satéprikker er schoon uitkomt. Laat 5 minuten in de vorm afkoelen en leg ze dan op een rooster om af te koelen. Snijd de cake horizontaal doormidden.

Giet de perziken af en bewaar 90 ml/6 el siroop. Hak de helft van de perziken fijn en hak de rest fijn. Klop de slagroom met suiker en vanille-essence totdat het dikker wordt. Smeer de helft van de room op de onderste laag van de cake, strooi over de gehakte perziken en plaats deze bovenop de cake. Smeer de resterende room op de zijkanten en bovenkant van de cake. Druk de gehakte walnoten aan de zijkanten. Leg de gesneden perziken langs de rand van de cake en de druiven in het midden. Garneer met een takje munt.

Citroentaart

Maakt een cake van 18 cm / 7 inch

Voor de taart:

100 g / 4 oz / ½ kopje boter of margarine, verzacht

100 g / 4 oz / ½ kopje basterdsuiker (superfijn)

2 eieren, licht losgeklopt

100 g zelfrijzend bakmeel

een snufje zout

geraspte schil en sap van 1 citroen

Voor het glazuur (icing):

100 g / 4 oz / ½ kopje boter of margarine, verzacht

225 g banketbakkerssuiker, gezeefd

100 g / 4 oz / 1/3 kopje citroengestremde melk

Bloemglazuur voor decoratie

Om de cake te maken, roomboter of margarine en suiker samen tot licht en luchtig. Klop de eieren geleidelijk los en voeg dan de bloem, het zout en de citroenschil toe. Giet het mengsel in twee ingevette en beklede sandwichvormen van 7/18 cm (trays) en bak in een voorverwarmde oven op 180°C/350°F/gasstand 4 gedurende 25 minuten tot het stevig aanvoelt. Laat het afkoelen.

Klop voor het glazuur de boter of margarine zacht en voeg dan de poedersuiker en het citroensap toe voor een smeerbare consistentie. Smeer de cakes samen met lemon curd en verdeel driekwart van het glazuur over de bovenkant en zijkanten van de cake, markeer de patronen met een vork. Spuit de resterende frosting in een spuitzak met stervormige punt (tip) en spuit rozetten rond de bovenkant van de cake. Garneer met glazuurbloemen.

Bruine kok

Maakt een cake van 25 cm / 10 inch

425 g / 15 oz / 1 groot blik kastanjepuree

6 eieren, gescheiden

5 ml / 1 tl vanille-essence (extract)

5 ml/1 theelepel gemalen kaneel

350 g banketbakkerssuiker, gezeefd

100 g bloem voor alle doeleinden

5 ml/1 theelepel poedergelatine

30 ml / 2 eetlepels water

15 ml / 1 lepel rum

300 ml / ½ pt / 1¼ kopjes slagroom (zwaar)

90 ml / 6 eetlepels abrikozenjam (uit blik), gezeefd

30 ml / 2 eetlepels water

450 g / 1 lb / 4 kopjes gewone (halfzoete) chocolade, in stukjes gebroken

100 g amandelspijs

30 ml / 2 el gehakte pistachenoten

Zeef de kastanjepuree en mix tot een gladde massa, verdeel dan in tweeën. Meng de helft met de eidooiers, vanille-essence, kaneel en 50 g basterdsuiker. Klop de eiwitten stijf en voeg dan geleidelijk 175 g poedersuiker toe tot het mengsel stijve pieken vormt. Voeg de eidooier en het kastanjemengsel toe. Meng de bloem en giet het in een ingevette en met bakpapier beklede cakevorm van 10/25 cm. Bak in een voorverwarmde oven op 180°C/350°F/gasstand 4 gedurende 45 minuten tot het veerkrachtig aanvoelt. Laat afkoelen, dek af en laat een nacht staan.

Strooi de gelatine over het water in een kom en laat het intrekken tot het luchtig wordt. Zet het gerecht in een pan met heet water en laat het staan tot het is opgelost. Het koelt een beetje af. Meng de rest van de kastanjepuree met de rest van de poedersuiker en de rum. Klop de room stijf en voeg deze samen met de opgeloste gelatine toe aan de puree. Snijd de cake horizontaal in drieën en combineer met de kastanjepuree. Snijd de randen bij en laat 30 minuten afkoelen.

Kook de jam met water tot alles goed gemengd is en verdeel het dan over de bovenkant en zijkanten van de cake. Smelt de chocolade in een hittebestendige kom boven een pan kokend water. Vorm van de amandelmassa 16 kastanjevormen. Doop de bodem in gesmolten chocolade en vervolgens in pistachenoten. Verdeel de resterende chocolade over de bovenkant en zijkanten van de cake en strijk het oppervlak glad met een spatel. Schik de marsepein kastanjes langs de rand terwijl de chocolade nog warm is en snijd ze in 16 plakjes. Laat afkoelen en sluit af.

strudel

Maakt een cake van 23 cm / 9 inch

225 g bladerdeeg

150 ml / ¼ st / 2/3 kop dubbele (zware) of room

45 ml / 3 el frambozenjam (reserve)

Poedersuiker (banketbakkers), gezeefd

Rol het deeg (pasta) uit tot ongeveer 3 mm / 1/8 dik en snijd in drie gelijke rechthoeken. Leg op een bevochtigde bakplaat (koekje) en bak in een voorverwarmde oven op 200°C/400°F/gasstand 6 in 10 minuten goudbruin. Laat afkoelen op een grill. Klop de slagroom stijf. Verdeel de jam over twee deegrechthoeken. Besmeer de rechthoeken met de room, dek af met de rest van de room. Het wordt geserveerd bestrooid met poedersuiker.

de oranje poort

Maakt een cake van 18 cm / 7 inch

225 g / 8 oz / 1 kopje boter of margarine, verzacht

100 g / 4 oz / ½ kopje basterdsuiker (superfijn)

2 eieren, licht losgeklopt

100 g zelfrijzend bakmeel

een snufje zout

geraspte schil en sap van 1 sinaasappel

225 g banketbakkerssuiker, gezeefd

Glace (gekonfijte) sinaasappelschijfjes om te versieren

Klop de helft van de boter of margarine en de poedersuiker licht en luchtig. Voeg geleidelijk de eieren toe en voeg dan de bloem, het zout en de sinaasappelschil toe. Giet het mengsel in twee ingevette en beklede sandwichvormen van 7/18 cm (trays) en bak in een voorverwarmde oven op 180°C/350°F/gasstand 4 gedurende 25 minuten tot het stevig aanvoelt. Laat het afkoelen.

Klop de rest van de boter of margarine romig en voeg dan de poedersuiker en het sinaasappelsap toe voor een smeerbare consistentie. Spuit de cakes samen met een derde van het glazuur (glazuur), verdeel de rest over de bovenkant en zijkanten van de cake en markeer de patronen met een vork. Garneer met geglaceerde stukjes sinaasappel.

Vierlaagse sinaasappeltaart met marmelade

Maakt een cake van 23 cm / 9 inch

Voor de taart:

200 ml / 7 fl oz / iets minder dan 1 kopje water

25 g / 1 oz / 2 el boter of margarine

4 eieren, licht losgeklopt

300 g / 11 oz / 11/3 kopjes poedersuiker (superfijn)

5 ml / 1 tl vanille-essence (extract)

300 g bloem voor alle doeleinden

10 ml / 2 theelepels bakpoeder

een snufje zout

Voor de vulling:

30 ml / 2 eetlepels bloem voor alle doeleinden

30 ml / 2 el maizena (maizena)

15 ml / 1 el poedersuiker (superfijn)

2 eieren, gescheiden

450 ml / ¾ pt / 2 kopjes melk

5 ml / 1 tl vanille-essence (extract)

120 ml zoete sherry

175 g / 6 oz / ½ kopje sinaasappelmarmelade

120 ml/½ kopje room (zwaar)

100 g / 4 oz hazelnoot bros, geplet

Om het biscuitgebak te maken, kook je water met boter of margarine. Klop de eieren en suiker tot bleek en luchtig, en blijf kloppen tot zeer licht. Klop vanille-essence, strooi er bloem, bakpoeder en zout over en giet het mengsel van boter en kokend water. Meng tot goed gecombineerd. Giet in twee ingevette en met bloem bestoven boterhamvormen en bak in een voorverwarmde oven op 180°C/350°F/gasstand 4 gedurende 25 minuten, tot ze goudbruin en veerkrachtig aanvoelen. Laat 3 minuten in de vorm afkoelen en plaats dan terug op een rooster om verder af te koelen. Snijd elke cake horizontaal doormidden.

Meng voor de vulling bloem, maïzena, suiker en eidooiers tot een papje met een beetje melk. Kook de resterende melk in een steelpan, giet het dan in het mengsel en klop tot een gladde massa. Doe terug in de afgespoelde pan en breng aan de kook, onder voortdurend roeren, tot het ingedikt is. Haal het van het vuur en voeg vanille-essence toe, laat het iets afkoelen. Klop de eiwitten stijf en spatel ze dan door elkaar.

Besprenkel sherry over alle vier de cakelagen, besmeer drie met jam en verdeel er vervolgens room over. Breng de lagen samen in een sandwich met vier lagen. Klop de slagroom stijf en schep deze bovenop de cake. Strooi er brosse pinda's over.

Noten en dadels koken

Maakt een cake van 23 cm / 9 inch

Voor de taart:

250 ml kokend water

450 g dadels zonder pit, fijngehakt

2,5 ml / ½ tl zuiveringszout (baking soda)

225 g / 8 oz / 1 kopje boter of margarine, verzacht

225 g / 8 oz / 1 kopje basterdsuiker (super fijn)

3 eieren

100 g / 4 oz / 1 kop gehakte pecannoten

5 ml / 1 tl vanille-essence (extract)

350 g / 12 oz / 3 kopjes bloem voor alle doeleinden

10 ml / 2 tl gemalen kaneel

5 ml/1 theelepel bakpoeder

Voor het glazuur (icing):

120 ml / 4 fl oz / ½ kopje water

30 ml / 2 el cacaopoeder (ongezoete chocolade)

10 ml / 2 theelepels oploskoffiepoeder

100 g / 4 oz / ½ kopje boter of margarine

400 g banketbakkerssuiker, gezeefd

50 g / 2 oz / ½ kopje pecannoten, fijngehakt

Giet voor de cake kokend water over de dadels en natriumbicarbonaat en laat afkoelen. Klop boter of margarine en poedersuiker licht en luchtig. Voeg beetje bij beetje de eieren toe en voeg dan de walnoten, vanille-essence en dadels toe. Voeg bloem, kaneel en bakpoeder toe. Giet in twee ingevette bakvormen van 23 cm/9 inch en bak in een voorverwarmde oven op 180°C/350°F/gasstand 4 gedurende 30 minuten tot ze veerkrachtig aanvoelen. Plaats op een rooster om af te koelen.

Om het glazuur te maken, kook je water, cacao en koffie in een kleine steelpan tot je een dikke siroop krijgt. Laat het afkoelen. Klop de boter of margarine en de poedersuiker zacht en klop dan de siroop erdoor. Bestrijk de cakes met een derde van de frosting. Smeer de helft van het resterende glazuur op de zijkanten van de cake en druk op de gehakte pecannoten. Verdeel het grootste deel van het resterende glazuur over de bovenkant en spuit een paar glazuurrozetten.

Taart met pruimen en kaneel

Maakt een cake van 23 cm / 9 inch

350 g / 12 oz / 1½ kopjes boter of margarine, verzacht

175 g / 6 oz / ¾ kopje basterdsuiker (superfijn)

3 eieren

150 g / 5 oz / 1¼ kopjes zelfrijzend bakmeel (gist).

5 ml/1 theelepel bakpoeder

5 ml/1 theelepel gemalen kaneel

350 g banketbakkerssuiker, gezeefd

5 ml/1 tl fijngeraspte sinaasappelschil

100 g / 4 oz / 1 kop hazelnoten, grof gemalen

300 g / 11 oz / 1 medium blik pruimen, uitgelekt

Klop de helft van de boter of margarine en de poedersuiker licht en luchtig. Klop de eieren er geleidelijk door en voeg dan de bloem, het bakpoeder en de kaneel toe. Plaats in een 23 cm / 9 vierkante pan bekleed met boter en bak in de oven voorverwarmd tot 180 ° C / 350 ° F / gasstand 4 gedurende 40 minuten tot een in het midden gestoken spies er schoon uitkomt. Haal uit de vorm en laat afkoelen.

Klop de rest van de boter of margarine zacht en roer dan de poedersuiker en geraspte sinaasappelschil erdoor. Snijd de cake horizontaal doormidden en plak de twee helften op elkaar met tweederde van het glazuur. Verdeel het grootste deel van het resterende glazuur over de bovenkant en zijkanten van de cake. Druk de pecannoten rond de zijkanten van de cake en schik de pruimen op een mooie manier. Spuit de resterende frosting decoratief rond de bovenrand van de cake.

Laagkoken afstemmen

Maakt een cake van 25 cm / 10 inch

Voor de taart:

225 g boter of margarine

300 g / 10 oz / 2¼ kopjes poedersuiker (superfijn)

3 eieren, gescheiden

450 g / 1 lb / 4 kopjes bloem voor alle doeleinden

5 ml/1 theelepel bakpoeder

5 ml / 1 tl zuiveringszout (zuiveringszout)

5 ml/1 theelepel gemalen kaneel

5 ml/1 tl geraspte nootmuskaat

2,5 ml / ½ theelepel gemalen kruidnagel

een snufje zout

250 ml / 8 fl oz / 1 kop room (light)

225 g / 8 oz / 11/3 kopjes gekookte ontpitte pruimen, fijngehakt

Voor de vulling:

250 ml / 8 fl oz / 1 kop room (light)

100 g / 4 oz / ½ kopje basterdsuiker (superfijn)

3 eierdooiers

225 g / 8 oz / 11/3 kopjes gekookte ontpitte pruimen

30 ml / 2 el geraspte sinaasappelschil

5 ml / 1 tl vanille-essence (extract)

50 g / 2 oz / ½ kopje gehakte gemengde noten

Meng boter of margarine en suiker om de cake te maken. Voeg geleidelijk de eierdooiers toe en voeg dan de bloem, bakpoeder,

bakpoeder, kruiden en zout toe. Voeg room en pruimen toe. Klop de eiwitten stijf en spatel ze dan door het mengsel. Giet in drie ingevette en met bloem bestoven (10/25cm) sandwichpannen (trays) en bak in een voorverwarmde oven op 180°C/350°F/gasstand 4 gedurende 25 minuten, tot het goed gerezen en veerkrachtig aanvoelt. Laat het afkoelen.

Meng alle ingrediënten voor de vulling, behalve de walnoten, tot ze goed gecombineerd zijn. Doe het in een pan en kook op laag vuur tot het dikker wordt, onder voortdurend roeren. Verdeel een derde van de vulling over de bodemcake en bestrooi met een derde van de pecannoten. Plaats de tweede cake erop en bedek met de helft van het resterende glazuur en de helft van de resterende pecannoten. Leg de laatste cake erop en verdeel de resterende frosting en noten erover.

regenboog gestreepte taart

Maakt een cake van 18 cm / 7 inch

Voor de taart:

100 g / 4 oz / ½ kopje boter of margarine, verzacht

225 g / 8 oz / 1 kopje basterdsuiker (super fijn)

3 eieren, gescheiden

225 g / 8 oz / 2 kopjes bloem voor alle doeleinden

een snufje zout

120 ml / ½ kopje melk, plus iets meer

5 ml/1 theelepel wijnsteen

2,5 ml / ½ tl zuiveringszout (baking soda)

Een paar druppels citroenessence (extract)

Een paar druppels rode kleurstof.

10 ml / 2 tl cacaopoeder (ongezoete chocolade)

Voor vulling en glazuur (glazuur):

225 g banketbakkerssuiker, gezeefd

50 g / 2 oz / ¼ kopje boter of margarine, verzacht

10 ml / 2 theelepels warm water

5 ml/1 theelepel melk

2,5 ml / ½ tl vanille-essence (extract)

gekleurde suikerdraden om te versieren

Om de cake te maken, roomboter of margarine en suiker samen tot licht en luchtig. Voeg geleidelijk de eidooiers toe en voeg dan afwisselend de bloem en het zout toe met de melk. Meng de room van wijnsteen en zuiveringszout met een beetje melk en roer dit door het mengsel. Klop de eiwitten stijf en spatel ze met een metalen lepel door het mengsel. Verdeel het mengsel in drie gelijke delen. Meng de citroenessence in de eerste kom, de rode kleurstof in de tweede kom en de cacao in de derde kom. Giet de mengsels in ingevette en met bakpapier beklede bakvormen van 18 cm/7" en bak ze in een voorverwarmde oven op 180°C/350°F/gasstand 4 gedurende 25 minuten tot ze goudbruin en veerkrachtig aanvoelen.

Om het glazuur te maken, doe je poedersuiker in een kom en maak je een kuiltje in het midden. Voeg geleidelijk boter of margarine, water, melk en vanille-essence toe tot je een smeerbaar mengsel krijgt. Bestrijk de cakes met een derde van het mengsel, verdeel de rest over de bovenkant en zijkanten van de cake en schraap het oppervlak schoon met een vork. Bestrooi de bovenkant met gekleurde suikerdraadjes.

Gâteau St-Honoré

Maakt een cake van 25 cm / 10 inch

Voor soezendeeg (pasta):

50 g ongezouten boter of margarine (zoet)

150 ml melk

een snufje zout

50 g / 2 oz / ½ kopje bloem voor alle doeleinden

2 eieren, licht losgeklopt

225 g bladerdeeg

1 eigeel

Voor de karamel:

225 g / 6 oz / ¾ kopje basterdsuiker (superfijn)

90 ml / 6 eetlepels water

Voor vulling en decoratie:

5 ml/1 theelepel poedergelatine

15 ml/1 eetlepel water

1 hoeveelheid vanilleroomglazuur

3 eiwitten

175 g / 6 oz / ¾ kopje basterdsuiker (superfijn)

90 ml / 6 eetlepels water

Om het soezendeeg (pasta) te maken, smelt u de boter met melk en zout op laag vuur. Breng snel aan de kook, haal dan van het vuur en voeg snel de bloem toe en meng tot het deeg loslaat van de zijkanten van de pan. Laat iets afkoelen, klop dan heel geleidelijk de eieren erdoor en blijf kloppen tot ze homogeen en glanzend zijn.

Rol het bladerdeeg uit tot een cirkel van 26 cm, leg het op ingevet bakpapier en prik er gaatjes in met een vork. Doe het soezendeeg in een spuitzak met een glad mondstuk van 1 cm / ½ inch (tip) en spuit een cirkel rond de rand van het bladerdeeg. Teken een tweede cirkel halverwege naar het midden. Rol het resterende soezendeeg op een aparte ingevette bakplaat tot kleine balletjes. Bestrijk het hele deeg met eigeel en bak in een voorverwarmde oven op 220°C/425°F/gasstand 7 gedurende 12 minuten voor de soesjes en 20 minuten voor de bodem, tot ze goudbruin en luchtig zijn.

Om de karamel te maken, lost u de suiker op in water en kookt u zonder te roeren ca. 8 minuten op 160°C/320°F tot je een lichte karamel krijgt. Bestrijk de buitenste ring beetje bij beetje met karamel. Doop de bovenste helft van de balletjes in de karamel en druk ze vervolgens in de buitenste ring van het deeg.

Om de vulling te maken, strooi je de gelatine over het water in een kom en laat je het luchtig worden. Zet het gerecht in een pan met heet water en laat het staan tot het is opgelost. Laat iets afkoelen en voeg dan de vanillecrème toe. Klop de eiwitten stijf. Kook ondertussen de suiker en het water op 120°C of tot een druppel koud water een harde bal vormt. Voeg geleidelijk de eiwitten toe en blijf kloppen tot het afgekoeld is. Voeg de room toe. Schep de banketbakkersroom in het midden van de cake en laat afkoelen alvorens te serveren.

Aardbeienchoux koken

Maakt een cake van 23 cm / 9 inch

50 g / 2 oz / ¼ kopje boter of margarine

150 ml / ¼ pt / 2/3 kopje water

75 g bloem voor alle doeleinden

een snufje zout

2 eieren, licht losgeklopt

50 g banketbakkerssuiker, gezeefd

300 ml / ½ pt / 1¼ kopjes room (zwaar).

225 g aardbeien, gehalveerd

25 g / 1 oz / ¼ kopje amandelschilfers (in plakjes)

Doe boter of margarine en water in een pan en breng langzaam aan de kook. Haal van het vuur en roer snel de bloem en het zout erdoor. Klop de eieren er geleidelijk door tot het beslag glanzend is en loslaat van de zijkanten van de pan. Schep lepels van het mengsel in een cirkel op een ingevette bakplaat (biscuit) tot een ronde cake en bak in een voorverwarmde oven op 220°C/425°F/gasstand 7 in 30 minuten goudbruin. Laat het afkoelen. Snijd de cake horizontaal doormidden. Klop de poedersuiker door de room. Smeer de helften samen met room, aardbeien en amandelen.

koffie cake

Maakt een cake van 20 cm / 8 inch

100 g / 4 oz / ½ kopje boter of margarine, verzacht

100 g / 4 oz / ½ kopje basterdsuiker (superfijn)

2 eieren, licht losgeklopt

2,5 ml / ½ theelepel koffie-essence (extract) of sterke zwarte koffie

150 g / 5 oz / 1¼ kopjes zelfrijzend bakmeel (gist).

2,5 ml / ½ tl bakpoeder

Glazuur van koffieboter

30 ml / 2 el gemengde gehakte noten (optioneel)

Klop boter of margarine en suiker licht en luchtig. Voeg geleidelijk eieren en koffie-essence toe en voeg vervolgens bloem en bakpoeder toe. Giet in twee ingevette en ingevette bakvormen van 20 cm / 8 (trays) en bak in een voorverwarmde oven op 160 ° C / 325 ° F / gasstand 3 gedurende 20 minuten tot ze veerkrachtig aanvoelen. Laat 4 minuten afkoelen in de vormpjes en leg ze dan terug op een rooster om verder af te koelen. Bestrijk de cakes met de helft van de buttercream frosting, verdeel de rest erover en waaier de patronen uit met een vork. Bestrooi eventueel met walnoten.

Koffie Streusel cake

Maakt een cake van 20 cm / 8 inch

50 g / 2 oz / ¼ kopje boter of margarine, verzacht

100 g / 4 oz / ½ kopje basterdsuiker (superfijn)

1 ei, licht losgeklopt

10 ml / 2 tl koffie-essence (extract)

100 g zelfrijzend bakmeel

een snufje zout

75 g / 3 oz / ½ kopje rozijnen (goudrozijnen)

60 ml / 4 eetlepels melk Voor het coaten:

50 g / 2 oz / ¼ kopje boter of margarine

30 ml / 2 eetlepels bloem voor alle doeleinden

75 g / 3 oz / 1/3 kopje zachte bruine suiker

10 ml / 2 tl gemalen kaneel

50 g / 2 oz / ½ kopje gehakte gemengde noten

Klop boter of margarine en suiker licht en luchtig. Voeg beetje bij beetje de eieressence en koffie toe, en dan de bloem en het zout. Voeg rozijnen en voldoende melk toe om een gladde consistentie te verkrijgen.

Om de topping te maken, wrijft u de boter of margarine door de bloem, suiker en kaneel tot het mengsel op broodkruimels lijkt. Voeg de noten toe. Strooi de helft van de topping over de bodem van een ingevette en met bakpapier beklede bakvorm van 20 cm. Schenk de cakemix erover en strooi de rest van de topping erover. Bak in een voorverwarmde oven op 220°C/425°F/gasstand 7 gedurende 15 minuten tot het goed gerezen en veerkrachtig aanvoelt.

ranch drip cake

Maakt een cake van 18 cm / 7 inch

225 g / 8 oz / 11/3 kopjes gedroogd fruit mix (fruit cake mix)

75 g / 3 oz / 1/3 kopje runderdruppels (boter)

150 g / 5 oz / 2/3 kopje zachte bruine suiker

250 ml / 8 fl oz / 1 kopje water

225 g / 8 oz / 2 kopjes volkoren (tarwe)meel.

5 ml/1 theelepel bakpoeder

2,5 ml / ½ tl zuiveringszout (baking soda)

5 ml/1 theelepel gemalen kaneel

Een snufje geraspte nootmuskaat

Een snufje gemalen kruidnagel

Breng het fruit, de druppels, de suiker en het water aan de kook in een pan met dikke bodem en laat 10 minuten sudderen. Laat het afkoelen. Meng de resterende ingrediënten in een kom, giet het gesmolten mengsel erbij en meng voorzichtig. Giet in een ingevette en met bakpapier beklede cakevorm (18 cm/7") en bak in een voorverwarmde oven op 180°C/350°F/gasovenstand 4 gedurende 1½ uur tot de cake goed gerezen is en uit de zijkanten van de cake slinkt.

Amerikaanse ontbijtkoek met citroensaus

Maakt een cake van 20 cm / 8 inch

225 g / 8 oz / 1 kopje basterdsuiker (super fijn)

50 g / 2 oz / ¼ kopje boter of margarine, gesmolten

30 ml / 2 el melasse (melasse)

2 eiwitten, licht opgeklopt

225 g / 8 oz / 2 kopjes bloem voor alle doeleinden

5 ml / 1 tl zuiveringszout (zuiveringszout)

5 ml/1 theelepel gemalen kaneel

2,5 ml / ½ theelepel gemalen kruidnagel

1,5 ml / ¼ theelepel gemalen gember

een snufje zout

250 ml karnemelk

Voor de saus:

100 g / 4 oz / ½ kopje basterdsuiker (superfijn)

30 ml / 2 el maizena (maizena)

een snufje zout

Een snufje geraspte nootmuskaat

250 ml kokend water

15 g / ½ oz / 1 el boter of margarine

30 ml / 2 el citroensap

2,5 ml / ½ theelepel fijn geraspte citroenschil

Meng suiker, boter of margarine en melasse. Voeg de eiwitten toe. Meng bloem, bakpoeder, kruiden en zout. Voeg afwisselend het bloem- en karnemelkmengsel toe aan het boter- en suikermengsel tot alles goed gemengd is. Plaats in een ingevette en met bloem bestoven bakvorm van 20 cm / 8 (bakplaat) en bak in een voorverwarmde oven op 200 ° C / 400 ° F / gasovenstand 6 gedurende 35 minuten tot een in het midden gestoken satéprikker er schoon uitkomt. Laat 5 minuten in de vorm afkoelen voordat je ze op een rooster legt om verder af te koelen. De cake kan koud of warm geserveerd worden.

Om de saus te maken, combineer de suiker, maizena, zout, nootmuskaat en water in een kleine steelpan op laag vuur en roer tot alles goed gemengd is. Kook op laag vuur, al roerend, tot het mengsel dik en helder wordt. Voeg boter of margarine en citroensap en schil toe en kook tot homogeen. Giet over peperkoek om te serveren.

koffie peperkoek

Maakt een cake van 20 cm / 8 inch

200 g / 7 oz / 1¾ kopjes zelfrijzend bakmeel

10 ml / 2 tl gemalen gember

10 ml / 2 tl oploskoffie korrels

100 ml warm water

100 g / 4 oz / ½ kopje boter of margarine

75 g / 3 oz / ¼ kopje golden syrup (lichte maïs)

50 g / 2 oz / ¼ kopje zachte bruine suiker

2 losgeklopte eieren

Meng bloem en gember. Los de koffie op in heet water. Smelt de margarine, siroop en suiker en meng met de droge ingrediënten. Voeg koffie en eieren toe. Giet in een ingevette en met bakpapier beklede cakevorm van 20 cm / 8 inch en bak in een voorverwarmde oven op 180 °C / 350 °F / gasstand 4 gedurende 40-45 minuten tot het goed gerezen en veerkrachtig aanvoelt.

Cake met gemberroom

Maakt een cake van 20 cm / 8 inch

175 g / 6 oz / ¾ kopje boter of margarine, verzacht

150 g / 5 oz / 2/3 kopje zachte bruine suiker

3 eieren, licht losgeklopt

175 g / 6 oz / 1½ kopjes zelfrijzend bakmeel

15 ml / 1 eetlepel gemalen gember Voor de vulling:

150 ml / ¼ st / 2/3 kopje room (zwaar)

15 ml / 1 eetlepel poedersuiker (banketbakkers), gezeefd

5 ml/1 theelepel gemalen gember

Klop boter of margarine en suiker licht en luchtig. Voeg geleidelijk eieren, dan bloem en gember toe en meng goed. Giet in twee ingevette en ingevette bakvormen van 20 cm / 8 en bak in een voorverwarmde oven op 180 ° C / 350 ° F / gasovenstand 4 gedurende 25 minuten tot het goed gerezen en veerkrachtig aanvoelt. Laat het afkoelen.

Klop de room met suiker en gember stijf, gebruik het om de cakes samen te stellen.

leverpool peperkoek

Maakt een cake van 20 cm / 8 inch

100 g / 4 oz / ½ kopje boter of margarine

100 g / 4 oz / ½ kopje demerara-suiker

30 ml / 2 el golden syrup (lichte mais)

225 g / 8 oz / 2 kopjes bloem voor alle doeleinden

2,5 ml / ½ tl zuiveringszout (baking soda)

10 ml / 2 tl gemalen gember

2 losgeklopte eieren

225 g / 8 oz / 11/3 kopjes sultana's (gouden rozijnen)

50 g / 2 oz / ½ kopje gekristalliseerde gember (gekonfijt), fijngehakt

Smelt boter of margarine met suiker en siroop op laag vuur. Haal het van het vuur en voeg de droge ingrediënten en het ei toe en meng goed. Rozijnen en gember toevoegen. Plaats in een ingevette en met bakpapier beklede vierkante cakevorm van 20 cm / 8 inch en bak in een voorverwarmde oven op 150 ° C / 300 ° F / gasstand 3 gedurende 1½ uur tot het veerkrachtig aanvoelt. De cake mag in het midden iets inzakken. Laat afkoelen in de doos.

havermout peperkoekkoekjes

Maakt een taart van 35 x 23 cm / 14 x 9

225 g / 8 oz / 2 kopjes volkoren (tarwe)meel.

75 g / 3 oz / ¾ kopje haver

5 ml / 1 tl zuiveringszout (zuiveringszout)

5 ml/1 theelepel wijnsteen

15 ml / 1 lepel gemalen gember

225 g boter of margarine

225 g / 8 oz / 1 kopje zachte bruine suiker

Meng bloem, havermout, baking soda, cream of tartar en gember in een kom. Wrijf boter of margarine erdoor tot het mengsel op broodkruimels lijkt. Voeg de suiker toe. Druk het mengsel stevig in een ingevette cakevorm van 35 x 23 cm / 14 x 9 (bakplaat) en bak in een voorverwarmde oven op 160°C / 325°F / gasovenstand 3 gedurende 30 minuten goudbruin. Snijd in vierkanten terwijl ze nog warm zijn en laat ze in de doos volledig afkoelen.

Oranje peperkoekkoekjes

Maakt een cake van 23 cm / 9 inch

450 g / 1 lb / 4 kopjes bloem voor alle doeleinden

5 ml/1 theelepel gemalen kaneel

2,5 ml / ½ tl gemalen gember

2,5 ml / ½ tl zuiveringszout (baking soda)

175 g / 6 oz / 2/3 kopje boter of margarine

175 g poedersuiker (superfijn)

75 g / 3 oz / ½ kopje geglazuurde (gekonfijte) sinaasappelschil, gehakt

Geraspte schil en sap van ½ grote sinaasappel

175 g / 6 oz / ½ kopje golden syrup (lichte mais), warm

2 eieren, licht losgeklopt

Een beetje melk

Meng de bloem, kruiden en bakpoeder en wrijf de boter of margarine erdoor tot het mengsel op broodkruimels lijkt. Voeg suiker, sinaasappelschil en schil toe en maak een kuiltje in het midden. Roer het sinaasappelsap en de hete siroop erdoor, voeg de eieren toe tot ze glad en vloeibaar zijn, voeg eventueel een beetje melk toe. Klop goed, giet het in een ingevette vierkante bakvorm van 23 cm/9 inch en bak in een voorverwarmde oven op 160°C/325°F/gasstand 3 gedurende 1 uur tot het goed gerezen en veerkrachtig aanvoelt.

kleverige peperkoekkoekjes

Maakt een cake van 25 cm / 10 inch

275 g bloem voor alle doeleinden

10 ml / 2 tl gemalen kaneel

5 ml / 1 tl zuiveringszout (zuiveringszout)

100 g / 4 oz / ½ kopje boter of margarine

175 g / 6 oz / ½ kopje golden syrup (lichte maïs)

175 g / 6 oz / ½ kopje melasse (melasse)

100 g / 4 oz / ½ kopje zachte bruine suiker

2 losgeklopte eieren

150 ml heet water

Meng bloem, kaneel en bakpoeder. Smelt de boter of margarine met stroop, melasse en suiker en giet dit bij de droge ingrediënten. Voeg eieren en water toe en meng goed. Giet in een ingevette en beklede vierkante vorm van 25 cm. Bak in een voorverwarmde oven op 180°C/350°F/gasstand 4 gedurende 40-45 minuten tot het goed gerezen en veerkrachtig aanvoelt.

volkoren peperkoek

Maakt een cake van 18 cm / 7 inch

100 g bloem voor alle doeleinden

100 g / 4 oz / 1 kopje volkoren (tarwe) bloem.

50 g / 2 oz / ¼ kopje zachte bruine suiker

50 g / 2 oz / 1/3 kopje rozijnen (gouden rozijnen)

10 ml / 2 tl gemalen gember

5 ml/1 theelepel gemalen kaneel

5 ml / 1 tl zuiveringszout (zuiveringszout)

een snufje zout

100 g / 4 oz / ½ kopje boter of margarine

30 ml / 2 el golden syrup (lichte mais)

30 ml / 2 el melasse (melasse)

1 ei, licht losgeklopt

150 ml melk

Meng de droge ingrediënten. Smelt de boter of margarine met stroop en melasse en meng met de droge ingrediënten van eieren en melk. Giet in een ingevette en met bakpapier beklede cakevorm van 18 cm/7" en bak in een voorverwarmde oven op 160°C/325°F/gasstand 3 gedurende 1 uur tot het licht veerkrachtig aanvoelt.

Cake met honing en amandelen

Maakt een cake van 20 cm / 8 inch

250 g geraspte wortelen

65 g amandelen, fijngehakt

2 eieren

100 g / 4 oz / 1/3 kopje lichte honing

60 ml / 4 el olie

150 ml melk

100 g / 4 oz / 1 kopje volkoren (tarwe) bloem.

25 g / 1 oz / ¼ kopje bloem voor alle doeleinden

10 ml / 2 tl gemalen kaneel

2,5 ml / ½ tl zuiveringszout (baking soda)

een snufje zout

citroen glazuur

Een paar amandelschilfers (in plakjes) om te versieren

Roer de wortels en noten erdoor. Klop de eieren los in een aparte kom en meng de honing, olie en melk erdoor. Voeg de wortels en walnoten toe en voeg dan de droge ingrediënten toe. Plaats in een ingevette en met bakpapier beklede cakevorm (vorm) van 20 cm en bak in een voorverwarmde oven op 150°C / 300°F / gasstand 2 gedurende 1-1¼ uur tot het goed gerezen en veerkrachtig aanvoelt. Laat afkoelen in de pan voordat je het uitpakt. Besprenkel met citroenglazuur en garneer met amandelschilfers.

cake met citroenijs

Maakt een cake van 18 cm / 7 inch

100 g / 4 oz / ½ kopje boter of margarine, verzacht

100 g / 4 oz / ½ kopje basterdsuiker (superfijn)

2 eieren

100 g bloem voor alle doeleinden

50 g / 2 oz / ½ kopje gemalen rijst

2,5 ml / ½ tl bakpoeder

geraspte schil en sap van 1 citroen

100 g banketbakkerssuiker, gezeefd

Klop boter of margarine en suiker licht en luchtig. Meng de eieren een voor een erdoor en klop goed na elke toevoeging. Meng de bloem, gemalen rijst, bakpoeder en citroenschil en roer dit door het mengsel. Giet in een ingevette en met bakpapier beklede cakevorm van 18 cm/7" en bak in een voorverwarmde oven op 180°C/gasstand 4 gedurende 1 uur tot het veerkrachtig aanvoelt. Haal uit de vorm en laat afkoelen.

Mix poedersuiker met een beetje citroensap tot een gladde massa. Het wordt op de taart geplaatst en mag rusten.

ijs ring

Voor 4 tot 6 porties

150 ml warme melk

2,5 ml / ½ tl droge gist

25 g / 1 oz / 2 eetlepels basterdsuiker (superfijn)

25 g / 1 oz / 2 el boter of margarine

225 g / 8 oz / 2 kopjes bloem voor alle doeleinden (brood).

1 losgeklopt ei Voor de vulling:

50 g / 2 oz / ¼ kopje boter of margarine, verzacht

50 g gemalen amandelen

50 g / 2 oz / ¼ kopje zachte bruine suiker

Voor dressing:

100 g banketbakkerssuiker, gezeefd

15 ml/1 eetlepel warm water

30 ml / 2 eetlepels amandelschilfers (in plakjes)

Giet de melk over de gist en suiker en meng. Laat op een warme plaats staan tot het schuimig is. Wrijf de boter of margarine door de bloem. Voeg het gistmengsel en het ei toe en klop goed. Dek de kom af met ingevette huishoudfolie (plasticfolie) en laat 1 uur op een warme plaats staan. Kneed opnieuw en vorm dan een rechthoek van ongeveer 30 x 23 cm / 12 x 9 inch. Smeer boter of margarine voor de vulling op het deeg en bestrooi met gemalen amandelen en suiker. Rol tot een lange worst en vorm een ring, sluit de randen af met een beetje water. Snijd tweederde van de rol met ca. 1½/3 cm ruimte vrij en leg op een ingevette (taart)bakplaat. Laat 20 minuten op een warme plaats staan. Bak in een voorverwarmde oven op 200°C/425°F/gasstand 7 gedurende 15 minuten. Verlaag de oventemperatuur nog 15 minuten naar 180°C/350°F/gasstand 4.

Meng ondertussen de poedersuiker en het water tot een glazuur. Als het koud is, verdeel het over de cake en versier met amandelschilfers.

spek taart

Maakt een taart van 23 x 18 cm / 9 x 7 inch

15 g / ½ oz verse gist of 20 ml / 4 tl droge gist

5 ml / 1 tl basterdsuiker (superfijn)

300 ml warm water

150 g / 5 oz / 2/3 kopje reuzel (plantaardig bakvet)

450 g / 1 lb / 4 kopjes bloem voor alle doeleinden (voor brood)

een snufje zout

100 g / 4 oz / 2/3 kopje rozijnen (gouden rozijnen)

100 g / 4 oz / 2/3 kopje lichte honing

Meng de gist met de suiker en een beetje warm water en laat het 20 minuten op een warme plaats staan tot het schuimt.

Bestrooi 25 g / 1 oz / 2 el reuzel met bloem en zout en maak een kuiltje in het midden. Giet het gistmengsel en het resterende lauwwarme water erbij en kneed tot een stevig deeg. Kneed tot een gladde en elastische massa. Doe de boter in een kom, dek af met ingevette voedselfolie (plastic folie) en laat ongeveer 1 uur op een warme plaats staan tot het in volume verdubbeld is.

Snijd de resterende boter in blokjes. Kneed het deeg nogmaals en rol het uit tot een rechthoek van ca. 35 x 23 cm. Bedek de bovenste tweederde van het deeg met een derde van het reuzel, een derde van de rozijnen en een kwart van de honing. Vouw het gewone derde deel van het deeg over de vulling en vouw vervolgens het bovenste derde deel eroverheen. Druk de randen tegen elkaar om ze te verzegelen en draai het deeg een kwartslag zodat de vouw naar links is. Verdeel en herhaal het proces nog twee keer om alle reuzel en rozijnen te gebruiken. Leg op een ingevette (cake)bakplaat en snijd er met een mes een kruispatroon in. Dek af en laat 40 minuten op een warme plaats staan.

Bak in een voorverwarmde oven op 220°C/425°F/gasstand 7 gedurende 40 minuten. Besprenkel de bovenkant met de resterende honing en laat afkoelen.

Lardy karwijzaadcake

Maakt een taart van 23 x 18 cm / 9 x 7 inch

450g / 1lb basis witbrooddeeg

175 g reuzel (plantaardig vet), in stukjes gesneden

175 g / 6 oz / ¾ kopje basterdsuiker (superfijn)

15 ml / 1 el komijnzaad

Bereid het deeg voor en rol het uit op een licht met bloem bestoven werkvlak tot een rechthoek van ca. 35 x 23 cm / 14 x 9 inch. Bestrijk de bovenste tweederde van het deeg met de helft van het reuzel en de helft van de suiker en spatel het er dan zoals gewoonlijk door. een derde van het deeg en vouw het bovenste derde deel eroverheen. Draai het deeg een kwartslag zodat de vouw links van je zit, rol het dan weer uit en strooi er de rest van de boter en suiker en komijn over. Vouw het nogmaals om, vorm het zodat het in een bakplaat (tray) past en markeer de bovenkant in een ruitvorm. Dek af met ingevette huishoudfolie (plastic folie) en laat ongeveer 30 minuten op een warme plaats staan tot het verdubbeld is in volume.

Bak in een voorverwarmde oven op 200°C/400°F/gasstand 6 gedurende 1 uur. Laat 15 minuten in de pan afkoelen zodat het vet in het beslag kan trekken en stort dan op een rooster om volledig af te koelen.

gemarmerde taart

Maakt een cake van 20 cm / 8 inch

175 g / 6 oz / ¾ kopje boter of margarine, verzacht

175 g / 6 oz / ¾ kopje basterdsuiker (superfijn)

3 eieren, licht losgeklopt

225 g / 8 oz / 2 kopjes zelfrijzend bakmeel (gist)

Enkele druppels amandelessence (extract)

Een paar druppels groene kleurstof

Een paar druppels rode kleurstof.

Klop boter of margarine en suiker licht en luchtig. Voeg geleidelijk de eieren toe en voeg dan de bloem toe. Verdeel het mengsel in drieën. Voeg de amandelessence toe aan een derde, de groene kleurstof aan een derde en de rode kleurstof aan het resterende derde. Doe opeenhopende lepels van de drie mengsels afwisselend in een ingevette en beklede cakevorm van 20 cm / 8 inch en bak in een voorverwarmde oven op 180 ° C / 350 ° F / gasovenstand 4 gedurende 45 minuten tot ze goed gerezen zijn. en elastisch om aan te raken.

Lincolnshire-laagcake

Maakt een cake van 20 cm / 8 inch

175 g / 6 oz / ¾ kopje boter of margarine

350 g / 12 oz / 3 kopjes bloem voor alle doeleinden

een snufje zout

150 ml melk

15 ml / 1 eetlepel droge gist Voor de vulling:

225 g / 8 oz / 11/3 kopjes sultana's (gouden rozijnen)

225 g / 8 oz / 1 kopje zachte bruine suiker

25 g / 1 oz / 2 el boter of margarine

2,5 ml / ½ theelepel gemalen piment

1 ei, gescheiden

Wrijf de helft van de boter of margarine door de bloem en zout tot het mengsel op broodkruimels lijkt. Verwarm de rest van de boter of margarine met de melk tot deze warm is en meng dan een beetje tot je een pasta met de gist krijgt. Roer het gistmengsel en de resterende melk en boter door het bloemmengsel en kneed tot een gladde massa. Doe de boter in een kom, dek af en laat ongeveer 1 uur op een warme plaats staan tot het volume verdubbeld is. Doe ondertussen alle ingrediënten voor de vulling behalve het eiwit in een pan op laag vuur en kook tot het gesmolten is.

Rol een kwart van het deeg uit tot een cirkel van 20 cm en besmeer met een derde van de vulling. Herhaal met de resterende hoeveelheden deeg en vulling, bedek met een deegcirkel. Bestrijk de randen met eiwit en plak ze dicht. Bak in een voorverwarmde oven op 190°C/375°F/gasstand 5 gedurende 20 minuten. Bestrijk de bovenkant met eiwit en zet terug in de oven voor nog eens 30 minuten tot ze goudbruin zijn.

brood taart

Maakt cake van 900 g / 2 lb

175 g / 6 oz / ¾ kopje boter of margarine, verzacht

275 g / 10 oz / 1¼ kopjes poedersuiker (superfijn)

Geraspte schil en sap van ½ citroen

120 ml melk

275 g / 10 oz / 2¼ kopjes zelfrijzend bakmeel (gist)

5 ml/1 theelepel zout

5 ml/1 theelepel bakpoeder

3 eieren

Icing (banketbakkers) suiker, gezeefd, voor glazuur

Klop boter of margarine, suiker en citroenschil licht en luchtig. Voeg het citroensap en de melk toe, meng de bloem, het zout en het bakpoeder erdoor en meng tot een gladde massa. Voeg geleidelijk de eieren toe en klop goed na elke toevoeging. Giet het mengsel in een ingevette en beklede broodvorm van 900 g en bak in een voorverwarmde oven op 150 °F / 300 °F / gasstand 2 gedurende 1¼ uur tot het veerkrachtig aanvoelt. Laat 10 minuten afkoelen in de vorm voordat je hem laat afkoelen op een rooster. Het wordt geserveerd bestrooid met poedersuiker.

taart met jam

Maakt een cake van 18 cm / 7 inch

175 g / 6 oz / ¾ kopje boter of margarine, verzacht

175 g / 6 oz / ¾ kopje basterdsuiker (superfijn)

3 eieren, gescheiden

300 g / 10 oz / 2½ kopjes zelfrijzend bakmeel (gist)

45 ml / 3 el dikke jam

50 g / 2 oz / 1/3 kop gehakte gemengde (gekonfijte) schil

Geraspte schil van 1 sinaasappel

45 ml / 3 el water

Voor het glazuur (icing):

100 g banketbakkerssuiker, gezeefd

Sap van 1 sinaasappel

Een paar plakjes gekristalliseerde (gekonfijte) sinaasappel

Klop boter of margarine en suiker licht en luchtig. Voeg geleidelijk de eierdooiers toe en vervolgens 15 ml/1 el bloem. Meng de jam, gemengde schil, sinaasappelschil en water en meng de rest van de bloem erdoor. Klop de eiwitten stijf en spatel ze dan met een metalen lepel door het mengsel. Giet in een ingevette en beklede bakvorm (18 cm) en bak in een voorverwarmde oven op 180°C / 350°F / gasstand 4 gedurende 1¼ uur, tot het goed gerezen en veerkrachtig aanvoelt. Laat 5 minuten in de vorm afkoelen en leg ze dan op een rooster om af te koelen.

Om het glazuur te maken, doe je poedersuiker in een kom en maak je een kuiltje in het midden. Voeg geleidelijk genoeg sinaasappelsap toe om het een smeerbare consistentie te geven. Giet over de cake en bodems en laat uitharden. Garneer met gekristalliseerde stukjes sinaasappel.

maanzaad cake

Maakt een cake van 20 cm / 8 inch

250 ml melk

100 g / 4 oz / 1 kop maanzaad

225 g / 8 oz / 1 kopje boter of margarine, verzacht

225 g / 8 oz / 1 kopje zachte bruine suiker

3 eieren, gescheiden

100 g bloem voor alle doeleinden

100 g / 4 oz / 1 kopje volkoren (tarwe) bloem.

5 ml/1 theelepel bakpoeder

Kook de melk in een kleine steelpan met de maanzaadjes, haal dan van het vuur, dek af en laat 30 minuten trekken. Klop boter of margarine en suiker tot bleek en luchtig. Voeg beetje bij beetje de eierdooiers toe en voeg dan de bloem en het bakpoeder toe. Voeg maanzaad en melk toe. Klop de eiwitten stijf en spatel ze dan met een metalen lepel door het mengsel. Plaats in een ingevette en met bakpapier beklede (vorm) taartvorm van 20 cm en bak in een voorverwarmde oven op 180°C / 350°F / gasstand 4 gedurende 1 uur tot een in het midden gestoken satéprikker er schoon uitkomt. Laat 10 minuten afkoelen in de vorm voordat je hem laat afkoelen op een rooster.

gewone yoghurtcake

Maakt een cake van 23 cm / 9 inch

150 g pure yoghurt

150 ml / ¼ pt / 2/3 kopje olie

225 g / 8 oz / 1 kopje basterdsuiker (super fijn)

225 g / 8 oz / 2 kopjes zelfrijzend bakmeel (gist)

10 ml / 2 theelepels bakpoeder

2 losgeklopte eieren

Meng alle ingrediënten tot een glad mengsel en giet het vervolgens in een ingevette en beklede taartvorm van 9 inch. Bak in een voorverwarmde oven op 160°C/325°F/gasstand 3 gedurende 1¼ uur tot het veerkrachtig aanvoelt. Laat afkoelen in de doos.

Pruimentaart met slagroom

Maakt een cake van 23 cm / 9 inch

Voor de vulling:

150 g / 5 oz / 2/3 kopje ontpitte pruimen, grof gehakt

120 ml / 4 fl oz / ½ kopje sinaasappelsap

50 g / 2 oz / ¼ kopje poedersuiker (superfijn)

30 ml / 2 el maizena (maizena)

175 ml melk

2 eierdooiers

Fijngeraspte schil van 1 sinaasappel

Voor de taart:

175 g / 6 oz / ¾ kopje boter of margarine, verzacht

225 g / 8 oz / 1 kopje basterdsuiker (super fijn)

3 eieren, licht losgeklopt

200 g bloem voor alle doeleinden

10 ml / 2 theelepels bakpoeder

2,5 ml / ½ tl geraspte nootmuskaat

75 ml / 5 el sinaasappelsap

Maak eerst de vulling. Week de pruimen minimaal twee uur in het sinaasappelsap.

Meng suiker en maïsmeel tot je een pasta krijgt met een beetje melk. Kook de resterende melk in een steelpannetje. Giet de suiker en maizena erbij en meng goed, doe dan terug in de pan en voeg de eierdooiers toe. Voeg de sinaasappelschil toe en roer op heel laag vuur tot het dik wordt, maar laat de room niet koken. Plaats de pan in een kom met koud water en roer de room af en toe terwijl deze afkoelt.

Om de cake te maken, roomboter of margarine en suiker samen tot licht en luchtig. Klop de eieren beetje bij beetje los en voeg dan afwisselend de bloem, het bakpoeder en de nootmuskaat toe met het sinaasappelsap. Doe de helft van het beslag in een ingevette pan van 23 cm / 9 inch en verdeel de room erover, laat een ruimte rond de rand. Giet de pruimen en dipsaus over de custard en bedek met de resterende cakemix, zorg ervoor dat de cakemix aan de zijkanten in de vulling zakt en de vulling volledig bedekt is. Bak in de voorverwarmde oven op 200°C/400°F/gasstand 6 gedurende 35 minuten tot ze goudbruin zijn en uit de zijkanten van de vorm slinken. Laat afkoelen in de pan voordat je het uitpakt.

Golvende frambozencake met chocoladeglazuur

Maakt een cake van 20 cm / 8 inch

175 g / 6 oz / ¾ kopje boter of margarine, verzacht

175 g / 6 oz / ¾ kopje basterdsuiker (superfijn)

3 eieren, licht losgeklopt

225 g / 8 oz / 2 kopjes zelfrijzend bakmeel (gist)

100 g frambozen Voor glazuur (glazuur) en decoratie:

Witte chocolade botercreme frosting

100 g pure chocolade (halfzoet)

Klop boter of margarine en suiker licht en luchtig. Voeg geleidelijk de eieren toe en voeg dan de bloem toe. Frambozen worden fijngestampt en daarna door een zeef gewreven om de pitten te verwijderen. Spatel de puree door het cakemengsel zodat het door het mengsel trekt en niet vermengt. Giet in een ingevette en met een lepel beklede bakvorm van 20 cm/8" en bak in een voorverwarmde oven op 180°C/350°F/gasstand 4 gedurende 45 minuten, tot het goed gerezen is en veerkrachtig aanvoelt. Doe over in een shake om af te koelen .

Smeer botercrème frosting over de cake en schraap het oppervlak met een vork. Smelt de chocolade in een hittebestendige kom boven een pan kokend water. Spreid uit op een bakplaat (koekjes) en laat tot het bijna gestold is. Schraap de chocolade met het deksel van een scherp mes om krullen te creëren. Gebruik het om de bovenkant van de cake te versieren.

zandkoek

Maakt een cake van 20 cm / 8 inch

75 g / 3 oz / 1/3 kopje boter of margarine, verzacht

75 g / 3 oz / 1/3 kopje poedersuiker (super fijn)

2 eieren, licht losgeklopt

100 g maïsmeel (maizena)

25 g / 1 oz / ¼ kopje bloem voor alle doeleinden

5 ml/1 theelepel bakpoeder

50 g / 2 oz / ½ kopje gehakte gemengde noten

Klop boter of margarine en suiker licht en luchtig. Klop de eieren geleidelijk los, voeg room, bloem en bakpoeder toe. Giet het mengsel in een ingevette vierkante vorm van 20 cm en bestrooi met gehakte walnoten. Bak in een voorverwarmde oven op 180°C/350°F/gasstand 4 gedurende 1 uur tot het veerkrachtig aanvoelt.

Kikker taart

Maakt een cake van 18 cm / 7 inch

100 g / 4 oz / ½ kopje boter of margarine, verzacht

100 g / 4 oz / ½ kopje basterdsuiker (superfijn)

2 eieren, licht losgeklopt

225 g / 8 oz / 2 kopjes bloem voor alle doeleinden

25 g / 1 oz / ¼ kopje komijnzaad

5 ml/1 theelepel bakpoeder

een snufje zout

45 ml / 3 el melk

Klop boter of margarine en suiker licht en luchtig. Klop de eieren er geleidelijk door en voeg dan de bloem, komijn, bakpoeder en zout toe. Voeg voldoende melk toe om een vloeibare consistentie te krijgen. Giet in een ingevette en ingevette cakevorm van 18 cm en bak in een voorverwarmde oven op 200°C / 400°F / gasstand 6 gedurende 1 uur tot het veerkrachtig aanvoelt en begint te krimpen. Uit de doos.

Gekruide ringcake

Maak een ring van 23 cm / 9 inch

1 appel, geschild, klokhuis verwijderd en geraspt

30 ml / 2 el citroensap

25 g / 8 oz / 1 kopje zachte bruine suiker

5 ml/1 theelepel gemalen gember

5 ml/1 theelepel gemalen kaneel

2,5 ml / ½ theelepel gemalen kruidenmix (appeltaart)

225 g gouden siroop (lichte maïs)

250 ml / 8 fl oz / 1 kopje olie

10 ml / 2 theelepels bakpoeder

400 g bloem voor alle doeleinden

10 ml / 2 tl zuiveringszout (zuiveringszout)

250 ml / 8 fl oz / 1 kopje sterke hete thee

1 losgeklopt ei

Icing (banketbakkers) suiker, gezeefd, voor glazuur

Roer het appel- en citroensap erdoor. Voeg suiker en kruiden toe, dan siroop en olie. Voeg het bakpoeder toe aan de bloem en bakpoeder aan de hete thee. Meng afwisselend door het mengsel en vervolgens door het ei. Giet in een ingevette en met bakpapier beklede cakevorm van 23 cm diep (de vorm) en bak in een voorverwarmde oven op 180°C/350°F/gasstand 4 gedurende 1 uur tot hij veerkrachtig aanvoelt. Laat afkoelen in de vorm in 10 minuten, breng dan over naar een rooster om af te koelen Serveer met poedersuiker.

pittige laagcake

Maakt een cake van 23 cm / 9 inch

100 g / 4 oz / ½ kopje boter of margarine, verzacht

100 g / 4 oz / ½ kopje kristalsuiker

100 g / 4 oz / ½ kopje zachte bruine suiker

2 losgeklopte eieren

175 g / 6 oz / 1½ kopje bloem voor alle doeleinden

5 ml/1 theelepel bakpoeder

5 ml/1 theelepel gemalen kaneel

2,5 ml / ½ tl zuiveringszout (baking soda)

2,5 ml / ½ theelepel gemalen kruidenmix (appeltaart)

een snufje zout

200 ml / iets minder dan 1 kopje verdampte melk in een blikje

Citroenboter glazuur

Klop boter of margarine en suiker licht en luchtig. Klop de eieren er geleidelijk door, voeg dan de droge ingrediënten en de verdampte melk toe en meng tot een gladde massa. Giet in twee ingevette en beklede taartvormen van 23 cm / 9 (trays) en bak in een voorverwarmde oven op 180 ° C / 350 ° F / gasovenstand 4 gedurende 30 minuten tot ze veerkrachtig aanvoelen. Laat afkoelen en smeer dan in met citroenboterglazuur.

Kaneel suikercake

Maakt een cake van 23 cm / 9 inch

175 g / 6 oz / 1½ kopjes zelfrijzend bakmeel

10 ml / 2 theelepels bakpoeder

een snufje zout

175 g / 6 oz / ¾ kopje basterdsuiker (superfijn)

50 g / 2 oz / ¼ kopje boter of margarine, gesmolten

1 ei, licht losgeklopt

120 ml melk

2,5 ml / ½ tl vanille-essence (extract)

                          Voor dressing:

50 g / 2 oz / ¼ kopje boter of margarine, gesmolten

50 g / 2 oz / ¼ kopje zachte bruine suiker

2,5 ml / ½ tl gemalen kaneel

Meng alle cake-ingrediënten tot een glad en goed gecombineerd mengsel. Giet in een ingevette cakevorm van 23 cm / 9 en bak in een voorverwarmde oven op 180 ° C / 350 ° F / gasstand 4 gedurende 25 minuten tot ze goudbruin zijn. Bestrijk de warme cake met boter. Meng suiker en kaneel en strooi erover. Zet de taart nog 5 minuten in de oven.

Victoriaanse theecake

Maakt een cake van 20 cm / 8 inch

225 g / 8 oz / 1 kopje boter of margarine, verzacht

225 g / 8 oz / 1 kopje basterdsuiker (super fijn)

225 g / 8 oz / 2 kopjes zelfrijzend bakmeel (gist)

25 g maïsmeel (maizena)

30 ml / 2 el komijnzaad

5 eieren, gescheiden

kristalsuiker om te bestrooien

Klop boter of margarine en suiker tot bleek en luchtig. Voeg bloem, maizena en komijnzaad toe. Klop de eierdooiers los en spatel ze daarna door het mengsel. Klop de eiwitten stijf en spatel ze voorzichtig met een metalen lepel door het mengsel. Doe in een ingevette en met bakpapier beklede cakevorm van 20 cm/8 inch en bestrooi met suiker. Bak in een voorverwarmde oven op 180°C/gasstand 4 gedurende 1½ uur tot ze goudbruin zijn en beginnen te krimpen van de zijkanten van de vorm.

Alles in één fruitcake

Maakt een cake van 20 cm / 8 inch

175 g / 6 oz / ¾ kopje boter of margarine, verzacht

175 g / 6 oz / ¾ kopje zachte bruine suiker

3 eieren

15 ml / 1 el golden syrup (lichte mais)

100 g / 4 oz / ½ kopje geglaceerde kersen (gekonfijt)

100 g / 4 oz / 2/3 kopje rozijnen (gouden rozijnen)

100 g rozijnen

225 g / 8 oz / 2 kopjes zelfrijzend bakmeel (gist)

10 ml / 2 tl gemalen gemengde kruiden (appeltaart)

Doe alle ingrediënten in een kom en verwerk tot ze goed gemengd zijn of verwerk ze in een keukenmachine. Plaats in een ingevette en met bakpapier beklede cakevorm van 20 cm / 8 en bak in de voorverwarmde oven op 160 ° C / 325 ° F / gasstand 3 gedurende 1 en een half uur tot een in het midden gestoken satéprikker er schoon uitkomt. Laat 5 minuten in de container staan en breng het dan over naar een rooster om af te koelen.

Alles in één fruitcake

Maakt een cake van 20 cm / 8 inch

350 g / 12 oz / 2 kopjes gemengd gedroogd fruit (fruitcake mix)

100 g / 4 oz / ½ kopje boter of margarine

100 g / 4 oz / ½ kopje zachte bruine suiker

150 ml / ¼ pt / 2/3 kopje water

2 grote eieren, losgeklopt

225 g / 8 oz / 2 kopjes zelfrijzend bakmeel (gist)

5 ml / 1 tl gemalen kruidenmix (appeltaart)

Doe fruit, boter of margarine, suiker en water in een pan, breng aan de kook en kook gedurende 15 minuten. Laat het afkoelen. Voeg afwisselend lepels ei met bloem en gemengde kruiden toe en meng goed. Giet in een ingevette cakevorm (bakplaat) van 20 cm doorsnee en bak in een voorverwarmde oven op 140°C / 275°F / gasstand 1 gedurende 1-1½ uur tot een in het midden gestoken satéprikker er schoon uitkomt.

Australische fruitcake

Maakt cake van 900 g / 2 lb

100 g / 4 oz / ½ kopje boter of margarine

225 g / 8 oz / 1 kopje zachte bruine suiker

250 ml / 8 fl oz / 1 kopje water

350 g / 12 oz / 2 kopjes gemengd gedroogd fruit (fruitcake mix)

5 ml / 1 tl zuiveringszout (zuiveringszout)

10 ml / 2 tl gemalen gemengde kruiden (appeltaart)

5 ml/1 theelepel gemalen gember

100 g zelfrijzend bakmeel

100 g bloem voor alle doeleinden

1 losgeklopt ei

Kook alle ingrediënten behalve de bloem en eieren in een pan. Haal het van het vuur en laat het afkoelen. Voeg bloem en eieren toe. Giet het mengsel in een ingevette en met bakpapier beklede bakvorm (vorm) van 900 g en bak in een voorverwarmde oven op 160°C / 325°F / gasstand 3 gedurende 1 uur tot het gaar is en er een korstje uitkomt. centrum. schoongemaakt.

Rijke Amerikaanse cake

Maakt een cake van 25 cm / 10 inch

225 g krenten

100 g / 4 oz / 1 kopje geblancheerde amandelen

15 ml / 1 el oranjebloesemwater

45 ml / 3 el droge sherry

1 groot eigeel

2 eieren

350 g / 12 oz / 1½ kopjes boter of margarine, verzacht

175 g / 6 oz / ¾ kopje basterdsuiker (superfijn)

Een gemalen foeliepunt

Een snufje gemalen kaneel

Een snufje gemalen kruidnagel

Een snufje gemalen gember

Een snufje geraspte nootmuskaat

30 ml / 2 lepels cognac

225 g / 8 oz / 2 kopjes bloem voor alle doeleinden

50 g / 2 oz / ½ kopje gehakte gemengde (gekonfijte) schil

Week de krenten 15 minuten in warm water en laat ze goed uitlekken. Maal amandelen met oranjebloesemwater en 15 ml/1 el sherry tot ze eetbaar zijn. Klop eigeel en ei los. Roer de boter of margarine en suiker door elkaar, voeg dan het amandelmengsel en de eieren toe en klop tot bleek en dik. Voeg kruiden, resterende sherry en cognac toe. Voeg de bloem toe en meng de krenten en gemengde schil erdoor. Plaats in een ingevette 25 cm / 10 pan en bak in de oven voorverwarmd tot 180 ° C / 350 ° F / mark 4 voor ongeveer. 1 uur tot een in het midden gestoken satéprikker er schoon uitkomt.

Johannesbroodvruchtencake

Maakt een cake van 18 cm / 7 inch

450 g rozijnen

300 ml / ½ pt / 1¼ kopjes sinaasappelsap

175 g / 6 oz / ¾ kopje boter of margarine, verzacht

3 eieren, licht losgeklopt

225 g / 8 oz / 2 kopjes bloem voor alle doeleinden

75 g johannesbroodpoeder

10 ml / 2 theelepels bakpoeder

Geraspte schil van 2 sinaasappels

50 g / 2 oz / ½ kopje walnoten, gehakt

Week de rozijnen een nacht in sinaasappelsap. Mix de boter of margarine en de eieren tot een gladde massa. Meng geleidelijk de rozijnen en het sinaasappelsap en de rest van de ingrediënten erdoor. Giet in een ingevette en met bakpapier beklede cakevorm van 18 cm en bak in een voorverwarmde oven op 180°C/350°F/gasstand 4 gedurende 30 minuten, verlaag dan de oventemperatuur tot 160°C/325°F/gasstand 4. 3 voor nog eens 1¼ uur tot een in het midden gestoken satéprikker er schoon uitkomt. Laat 10 minuten in de vorm afkoelen voordat je ze op een rooster legt om af te koelen.

Vruchtenkoffiecake

Maakt een cake van 25 cm / 10 inch

450 g / 1 lb / 2 kopjes basterdsuiker (superfijn)

450 g / 1 lb / 2 kopjes ontpitte dadels, fijngehakt

450 g rozijnen

450 g / 1 lb / 22/3 kopjes sultana's (gouden rozijnen)

100 g / 4 oz / ½ kopje geglaceerde (gekonfijte) kersen, gehakt

100 g / 4 oz / 1 kopje gehakte gemengde noten

450 ml / ¾ pt / 2 kopjes sterke zwarte koffie

120 ml / 4 fl oz / ½ kopje olie

100 g golden syrup (lichte mais)

10 ml / 2 tl gemalen kaneel

5 ml/1 tl geraspte nootmuskaat

een snufje zout

10 ml / 2 tl zuiveringszout (zuiveringszout)

15 ml/1 eetlepel water

2 eieren, licht losgeklopt

450 g / 1 lb / 4 kopjes bloem voor alle doeleinden

120 ml sherry of cognac

Kook alle ingrediënten behalve de baking soda, water, eieren, bloem en sherry of cognac in een pan met dikke bodem. Kook gedurende 5 minuten, onder voortdurend roeren, haal dan van het vuur en laat afkoelen.

Meng de baking soda met het water en voeg het fruitmengsel met eieren en bloem toe. Doe ze in een ingevette en met bakpapier beklede cakevorm van 25 cm/10 inch en bind een dubbele laag bakpapier (was) aan de buitenkant zodat het bovenop de vorm zit. Bak in een voorverwarmde oven op 160°C/325°F/gasstand 3 gedurende 1 uur. Verlaag de oventemperatuur tot 150°C/300°F/gasstand 2 en bak nog eens 1 uur. Verlaag de oventemperatuur tot 140°C/275°F/gasstand 1 en bak een derde uur. Verlaag de oventemperatuur tot 120 °C / 250 °F / gasstand ½ en bak het laatste uur, bedek de bovenkant van de cake met bakpapier (was) als deze te bruin begint te worden. Als het gekookt is,

Cornish zware taart

Maakt cake van 900 g / 2 lb

350 g / 12 oz / 3 kopjes bloem voor alle doeleinden

2,5 ml / ½ tl zout

175 g / 6 oz / ¾ kopje reuzel (plantaardig bakvet)

75 g / 3 oz / 1/3 kopje poedersuiker (super fijn)

175 g krenten

Wat gehakte gemengde schelpen (gekonfijt) (optioneel)

Ongeveer 150 ml / ¼ pt / 2/3 kopje melk en water gemengd

1 losgeklopt ei

Doe de bloem en het zout in een kom en wrijf het reuzel erdoor tot het mengsel op broodkruimels lijkt. Voeg de overige droge ingrediënten toe. Voeg geleidelijk genoeg melk en water toe om een stevig deeg te maken. Het zal niet lang duren. Rol uit op een ingevette bakplaat (koekje) van ongeveer 1 cm dik. Glazen met losgeklopt ei. Teken met de punt van een mes een kruispatroon op de bovenkant. Bak in een voorverwarmde oven op 160°C/325°F/gasstand 3 gedurende ca. 20 minuten goudbruin. Laat afkoelen en snij dan in vierkantjes.

krententaart

Maakt een cake van 23 cm / 9 inch

225 g boter of margarine

300 g / 11 oz / 1½ kopjes basterdsuiker (superfijn)

een snufje zout

100 ml / 3½ fl oz / 6½ el kokend water

3 eieren

400 g bloem voor alle doeleinden

175 g krenten

50 g / 2 oz / ½ kopje gehakte gemengde (gekonfijte) schil

100 ml / 3½ fl oz / 6½ el koud water

15 ml/1 eetlepel bakpoeder

Doe boter of margarine, suiker en zout in een kom, giet het kokende water erover en laat staan tot het zacht wordt. Klop snel tot een gladde en romige massa. Voeg geleidelijk de eieren toe en meng de bloem, krenten en schil erdoor, afwisselend gemengd met koud water. Voeg het bakpoeder toe. Giet het beslag in een ingevette cakevorm van 23 cm / 9 inch en bak in een voorverwarmde oven op 180 °C / 350 °F / gasstand 4 gedurende 30 minuten. Verlaag de oventemperatuur tot 150°C/300°F/gasstand 2 en bak nog 40 minuten, tot een in het midden gestoken satéprikker er schoon uitkomt. Laat 10 minuten afkoelen in de vorm voordat je hem laat afkoelen op een rooster.

zwarte fruitcake

Maakt een cake van 25 cm / 10 inch

225 g / 8 oz / 1 kop gehakt geglazuurd (gekonfijt) fruit

350 g dadels met kruiden, gehakt

225 g rozijnen

225 g / 8 oz / 1 kopje geglaceerde (gekonfijte) kersen, gehakt

100 g / 4 oz / ½ kopje geglazuurde (gekonfijte) ananas, gehakt

100 g / 4 oz / 1 kopje gehakte gemengde noten

225 g / 8 oz / 2 kopjes bloem voor alle doeleinden

5 ml / 1 tl zuiveringszout (zuiveringszout)

5 ml / 1 theelepel gemalen kaneel

2,5 ml / ½ theelepel voor alle doeleinden

1,5 ml / ¼ theelepel gemalen kruidnagel

1,5 ml / ¼ theelepel zout

225 g / 8 oz / 1 kopje bakvet (plantaardig bakvet)

225 g / 8 oz / 1 kopje zachte bruine suiker

3 eieren

175 g / 6 oz / ½ kopje melasse (melasse)

2,5 ml / ½ tl vanille-essence (extract)

120 ml karnemelk

Meng fruit en noten. Meng bloem, zuiveringszout, kruiden en zout en voeg 50 g / 2 oz / ½ kopje toe aan het fruit. Klop de boter en suiker licht en luchtig. Voeg geleidelijk de eieren toe en klop goed na elke toevoeging. Voeg de essentie van melasse en vanille toe. Voeg afwisselend de karnemelk en het resterende bloemmengsel toe en klop tot een gladde massa. Vouw het fruit erdoor. Plaats in een ingevette en beklede cakevorm van 25 cm (de vorm) en bak in een voorverwarmde oven op 140°C / 275°F / gasstand 1 gedurende 2½ uur tot een in het midden gestoken satéprikker er schoon uitkomt. Laat 10 minuten in de vorm afkoelen en leg ze dan op een rooster om verder af te koelen.

Snijd de cake aan en plaats hem terug

Maakt een cake van 20 cm / 8 inch

275 g / 10 oz / 12/3 kopjes trailmix (fruitcakemix)

100 g / 4 oz / ½ kopje boter of margarine

150 ml / ¼ pt / 2/3 kopje water

1 losgeklopt ei

225 g / 8 oz / 2 kopjes bloem voor alle doeleinden

een snufje zout

100 g / 4 oz / ½ kopje basterdsuiker (superfijn)

Doe het fruit, boter of margarine en water in een pan en kook op laag vuur gedurende 20 minuten. Laat het afkoelen. Voeg het ei toe en voeg geleidelijk de bloem, het zout en de suiker toe. Giet in een ingevette cakevorm van 20 cm/8 inch en bak in een voorverwarmde oven op 160°C/325°F/mark 3 gedurende 1¼ uur tot een in het midden gestoken satéprikker er schoon uitkomt.

dundee taart

Maakt een cake van 20 cm / 8 inch

225 g / 8 oz / 1 kopje boter of margarine, verzacht

225 g / 8 oz / 1 kopje basterdsuiker (super fijn)

4 grote eieren

225 g / 8 oz / 2 kopjes bloem voor alle doeleinden

een snufje zout

350 g krenten

350 g / 12 oz / 2 kopjes sultana's (gouden rozijnen)

175 g / 6 oz / 1 kop gehakte gemengde schil (gekonfijt)

100 g / 4 oz / 1 kopje geglazuurde (gekonfijte) kersen, in vieren

Geraspte schil van ½ citroen

50 g hele amandelen, geblancheerd

Klop boter en suiker tot bleek en licht. Klop de eieren een voor een erdoor en klop goed tussen elke toevoeging. Voeg bloem en zout toe. Voeg fruit en citroenrasp toe. Hak de helft van de amandelen fijn en voeg ze toe aan het mengsel. Plaats in een ingevette en met bakpapier beklede taartvorm (bakvorm) van 20 cm / 8 cm / 8 en bind een strook bruin papier rond de buitenkant van de vorm zodat deze ongeveer 2 cm lang is. 5cm / 2in hoger dan het bord. Splits de gereserveerde amandelen en plaats ze in concentrische cirkels bovenop de cake. Bak in een voorverwarmde oven op 150°C / 300°F / gasstand 2 gedurende 3½ uur tot een in het midden gestoken satéprikker er schoon uitkomt. Controleer na 2 1/2 uur en of de cake bovenop te bruin begint te worden,

Ei-vrije fruitcake 's nachts

Maakt een cake van 20 cm / 8 inch

50 g / 2 oz / ¼ kopje boter of margarine

225 g / 8 oz / 2 kopjes zelfrijzend bakmeel (gist)

5 ml / 1 tl zuiveringszout (zuiveringszout)

5 ml/1 tl geraspte nootmuskaat

5 ml / 1 tl gemalen kruidenmix (appeltaart)

een snufje zout

225 g / 8 oz / 11/3 kopjes gedroogd fruit mix (fruit cake mix)

100 g / 4 oz / ½ kopje zachte bruine suiker

250 ml melk

Wrijf de boter of margarine door de bloem, bakpoeder, kruiden en zout tot het mengsel op broodkruimels lijkt. Meng het fruit en de suiker en voeg dan de melk toe tot alle ingrediënten goed gemengd zijn. Dek af en laat een nacht staan.

Giet het mengsel in een ingevette en ingevette vorm (bakplaat) van 20 cm / 8 in en bak in de voorverwarmde oven op 180 ° C / 350 ° F / gasstand 4 gedurende 1 uur totdat een in de bak gestoken spies er in het midden uitkomt . zuiver.

Twijfelachtige fruitcake

Maakt een cake van 23 cm / 9 inch

225 g boter of margarine

200 g / 7 oz / een beetje 1 kop basterdsuiker (superfijn)

175 g krenten

175 g / 6 oz / 1 kopje rozijnen (gouden rozijnen)

50 g / 2 oz / ½ kopje gehakte gemengde (gekonfijte) schil

75 g / 3 oz / ½ kopje ontpitte dadels, gehakt

5 ml / 1 tl zuiveringszout (zuiveringszout)

200 ml / 7 fl oz / iets minder dan 1 kopje water

75 g / 2 oz / ¼ kopje geglaceerde (gekonfijte) kersen, gehakt

100 g / 4 oz / 1 kopje gehakte gemengde noten

60 ml / 4 el cognac of sherry

300 g bloem voor alle doeleinden

5 ml/1 theelepel bakpoeder

een snufje zout

2 eieren, licht losgeklopt

Smelt de boter of margarine en voeg dan de suiker, krenten, rozijnen, gemengde schillen en dadels toe. Meng de baking soda met een beetje water en roer met het resterende water door het fruitmengsel. Breng aan de kook en laat 20 minuten sudderen, af en toe roeren. Dek af en laat een nacht staan.

Vet een taartvorm (bakvorm) van 23 cm / 9 inch in en bekleed deze en bekleed een dubbele laag watervast (wasvast) papier of bruin papier om over de vorm te passen. Voeg de geglaceerde kersen, walnoten en cognac of sherry toe aan het mengsel, voeg dan de bloem, bakpoeder en zout toe. Voeg de eieren toe. Giet in de voorbereide cakevorm en bak in een voorverwarmde oven op 160°C/325°F/gasstand 3 gedurende 1 uur. Verlaag de oventemperatuur tot 140°C/275°F/gasstand 1 en bak nog een uur. Verlaag de oventemperatuur weer tot 120°C / 250°F / ½ gasstand en bak nog 1 uur tot een in het midden gestoken satéprikker er schoon uitkomt. Bedek de bovenkant van de cake met een cirkel van waterdicht of bruin papier tegen het einde van de baktijd als het te bruin wordt.

Gember taart

Maakt een cake van 18 cm / 7 inch

100 g / 4 oz / ½ kopje boter of margarine, verzacht

100 g / 4 oz / ½ kopje basterdsuiker (superfijn)

2 eieren, licht losgeklopt

30 ml / 2 el melk

225 g / 8 oz / 2 kopjes zelfrijzend bakmeel (gist)

5 ml/1 theelepel bakpoeder

10 ml / 2 tl gemalen gemengde kruiden (appeltaart)

5 ml/1 theelepel gemalen gember

100 g rozijnen

100 g / 4 oz / 2/3 kopje rozijnen (gouden rozijnen)

Klop boter of margarine en suiker licht en luchtig. Voeg geleidelijk eieren en melk toe, voeg dan bloem, bakpoeder en kruiden toe, en dan het fruit. Giet het mengsel in een ingevette en met bakpapier beklede vorm (bakplaat) van 7/18 cm en bak in een voorverwarmde oven op 160°C/gasstand 3 gedurende 1¼ uur tot het gerezen en goudbruin is.

Taartje met boerenfruit en honing

Maakt een cake van 20 cm / 8 inch

175 g / 6 oz / 2/3 kopje boter of margarine, verzacht

175 g / 6 oz / ½ kopje lichte honing

geraspte schil van 1 citroen

3 eieren, licht losgeklopt

225 g / 8 oz / 2 kopjes volkoren (tarwe)meel.

10 ml / 2 theelepels bakpoeder

5 ml / 1 tl gemalen kruidenmix (appeltaart)

100 g rozijnen

100 g / 4 oz / 2/3 kopje rozijnen (gouden rozijnen)

100 g krenten

50 g / 2 oz / 1/3 kopje kant-en-klare gedroogde abrikozen, gehakt

50 g / 2 oz / 1/3 kop gehakte gemengde (gekonfijte) schil

25 g gemalen amandelen

25 g / 1 oz / ¼ kopje amandelen

Klop boter of margarine, honing en citroenschil tot licht en luchtig. Voeg geleidelijk de eieren toe en voeg dan de bloem, het bakpoeder en de kruidenmix toe. Voeg fruit en gemalen amandelen toe. Plaats in een ingevette en met boter beklede cakevorm van 20 cm en maak een klein gaatje in het midden. Schik de amandelen rond de bovenrand van de cake. Bak in een voorverwarmde oven op 160°C/325°F/gasstand 3 gedurende 2-2½ uur tot een in het midden gestoken satéprikker er schoon uitkomt. Bedek de bovenkant van de cake tegen het einde van de baktijd met bakpapier (was) als deze te bruin wordt. Laat 10 minuten in de vorm afkoelen voordat je ze op een rooster legt om af te koelen.

Genua taart

Maakt een cake van 23 cm / 9 inch

225 g / 8 oz / 1 kopje boter of margarine, verzacht

100 g / 4 oz / ½ kopje basterdsuiker (superfijn)

4 eieren, gescheiden

5 ml / 1 tl amandelessence (extract)

5 ml/1 tl geraspte sinaasappelschil

225 g / 8 oz / 11/3 kopjes rozijnen, gehakt

100 g krenten, gehakt

100 g / 4 oz / 2/3 kopje sultana's (gouden rozijnen), gehakt

50 g / 2 oz / ¼ kopje geglaceerde (gekonfijte) kersen, gehakt

50 g / 2 oz / 1/3 kop gehakte gemengde (gekonfijte) schil

100 g gemalen amandelen

25 g / 1 oz / ¼ kopje amandelen

350 g / 12 oz / 3 kopjes bloem voor alle doeleinden

10 ml / 2 theelepels bakpoeder

5 ml/1 theelepel gemalen kaneel

Klop de boter of margarine en de suiker los en klop vervolgens de eierdooiers, het amandelextract en de sinaasappelschil los. Meng het fruit en de noten met een beetje bloem tot ze goed bedekt zijn, voeg dan afwisselend lepels bloem, bakpoeder en kaneel toe met lepels van het fruitmengsel tot alles goed gemengd is. Klop de eiwitten stijf en spatel ze dan door het mengsel. Giet in een ingevette en met bakpapier beklede cakevorm van 23 cm en bak in een voorverwarmde oven op 190°C/375°F/gasstand 5 gedurende 30 minuten, verlaag dan de oventemperatuur naar 160°C/325°C. °F / gasstand 3 nog anderhalf uur tot het veerkrachtig aanvoelt en een in het midden gestoken satéprikker er schoon uitkomt. Laat afkoelen in de doos.

Vruchtencake met roomijs

Maakt een cake van 23 cm / 9 inch

225 g / 8 oz / 1 kopje boter of margarine, verzacht

225 g / 8 oz / 1 kopje basterdsuiker (super fijn)

4 eieren, licht losgeklopt

45 ml / 3 lepels cognac

250 g bloem voor alle doeleinden

2,5 ml / ½ tl bakpoeder

een snufje zout

225 g / 8 oz / 1 kopje gemengd geglazuurd (gekonfijt) fruit zoals kersen, ananas, sinaasappels, vijgen, in plakjes

100 g rozijnen

100 g / 4 oz / 2/3 kopje rozijnen (gouden rozijnen)

75 g krenten

50 g / 2 oz / ½ kopje gehakte gemengde noten

geraspte schil van 1 citroen

Klop boter of margarine en suiker licht en luchtig. Meng geleidelijk de eieren en cognac erdoor. Meng de resterende ingrediënten in een aparte kom tot het fruit goed bedekt is met bloem. Voeg het mengsel toe en meng goed. Giet in een ingevette cakevorm van 23 cm / 9 en bak in een voorverwarmde oven op 180 ° C / 350 ° F / gasstand 4 gedurende 30 minuten. Verlaag de oventemperatuur tot 150°C/300°F/gasstand 3 en bak nog eens 50 minuten, tot een in het midden gestoken satéprikker er schoon uitkomt.

Guinness fruitcake

Maakt een cake van 23 cm / 9 inch

225 g boter of margarine

225 g / 8 oz / 1 kopje zachte bruine suiker

300 ml / ½ pt / 1¼ kopjes Guinness of stout

225 g rozijnen

225 g / 8 oz / 11/3 kopjes sultana's (gouden rozijnen)

225 g krenten

100 g / 4 oz / 2/3 kop gehakte gemengde (gekonfijte) schil

550 g / 1¼ lb / 5 kopjes bloem voor alle doeleinden

2,5 ml / ½ tl zuiveringszout (baking soda)

5 ml / 1 tl gemalen kruidenmix (appeltaart)

2,5 ml / ½ tl geraspte nootmuskaat

3 eieren, licht losgeklopt

Breng de boter of margarine, suiker en Guinness aan de kook in een kleine steelpan op laag vuur en roer tot alles goed gemengd is. Roer het fruit en de gemengde schil erdoor, breng aan de kook en laat 5 minuten sudderen. Haal het van het vuur en laat het afkoelen.

Meng bloem, bakpoeder en kruiden en maak een kuiltje in het midden. Voeg het afgekoelde fruitmengsel en de eieren toe en meng tot alles goed gemengd is. Plaats in een ingevette en met bakpapier beklede cakevorm van 23 cm / 9 en bak in de voorverwarmde oven op 160 ° C / 325 ° F / gasstand 3 gedurende 2 uur tot een in het midden gestoken satéprikker er schoon uitkomt. Koel 20 minuten in de pan en breng het dan over naar een rooster om af te koelen.

Gehakte taart

Maakt een cake van 20 cm / 8 inch

225 g / 8 oz / 2 kopjes zelfrijzend bakmeel (gist)

350 g / 12 oz / 2 kopjes rundergehakt

75 g / 3 oz / ½ kopje gedroogd fruit (fruitcake mix)

3 eieren

150 g zachte margarine

150 g / 5 oz / 2/3 kopje zachte bruine suiker

Meng alle ingrediënten tot ze goed gecombineerd zijn. Verander in een ingevette en met bakpapier beklede cakevorm van 20 cm / 8 en bak in een voorverwarmde oven op 160 ° C / 325 ° F / gasstand 3 gedurende 1 uur tot het goed gerezen en stevig aanvoelt.

Cake met havermout en abrikozen

Maakt een cake van 20 cm / 8 inch

175 g / 6 oz / ¾ kopje boter of margarine, verzacht

50 g / 2 oz / ¼ kopje zachte bruine suiker

30 ml / 2 el lichte honing

3 losgeklopte eieren

175 g / 6 oz / ¼ kopje volkoren (tarwe) bloem.

50 g havermout

10 ml / 2 theelepels bakpoeder

250 g / 9 oz / 1½ kopjes gedroogd fruit mix (fruit cake mix)

50 g / 2 oz / 1/3 kopje kant-en-klare gedroogde abrikozen, gehakt

geraspte schil en sap van 1 citroen

Klop boter of margarine en suiker met de honing licht en luchtig. We mengen geleidelijk eieren, afwisselend met bloem en bakpoeder. Voeg walnoten en citroensap en schil toe. Giet in een ingevette en met bakpapier beklede cakevorm van 20 cm / 8 inch en bak in een voorverwarmde oven op 180 °C / 350 °F / gasstand 4 gedurende 1 uur. Verlaag de oventemperatuur tot 160°C / 325°F / gasstand 3 en bak nog eens 30 minuten, tot een in het midden gestoken satéprikker er schoon uitkomt. Bedek de bovenkant met bakpapier als de cake te snel bruin begint te worden.

Vruchtentaart 's nachts

Maakt een cake van 20 cm / 8 inch

450 g / 1 lb / 4 kopjes bloem voor alle doeleinden

225 g krenten

225 g / 8 oz / 1 1/3 kopjes sultana's (gouden rozijnen)

225 g / 8 oz / 1 kopje zachte bruine suiker

50 g / 2 oz / 1/3 kop gehakte gemengde (gekonfijte) schil

175 g / 6 oz / ¾ kopje reuzel (plantaardig bakvet)

15 ml / 1 el golden syrup (lichte mais)

10 ml / 2 tl zuiveringszout (zuiveringszout)

15 ml/1 lepel melk

300 ml / ½ pt / 1¼ kopjes water

Meng bloem, fruit, suiker en schil. Smelt het reuzel en de siroop en roer dit door het mengsel. Los de baking soda op in de melk en roer dit door het cakebeslag en het water. Doe in een ingevette pan van 20 cm, dek af en laat een nacht staan.

Bak de cake in een voorverwarmde oven op 160°C / 375°F / gasstand 3 gedurende 1¾ uur tot een in het midden gestoken satéprikker er schoon uitkomt.

Cake met rozijnen en kruiden

Maakt een reep van 900 g / 2 lb

225 g / 8 oz / 1 kopje zachte bruine suiker

300 ml / ½ pt / 1¼ kopjes water

100 g / 4 oz / ½ kopje boter of margarine

15 ml / 1 el melasse (melasse)

175 g rozijnen

5 ml/1 theelepel gemalen kaneel

2. 5 ml / ½ theelepel geraspte nootmuskaat

2,5 ml / ½ theelepel voor alle doeleinden

225 g / 8 oz / 2 kopjes bloem voor alle doeleinden

5 ml/1 theelepel bakpoeder

5 ml / 1 tl zuiveringszout (zuiveringszout)

Smelt de suiker, het water, de boter of margarine, de melasse, de rozijnen en de kruiden in een kleine steelpan op middelhoog vuur, onder voortdurend roeren. Breng aan de kook en laat 5 minuten sudderen. Haal van het vuur en roer de overige ingrediënten erdoor. Giet het mengsel in een ingevette en met bakpapier beklede bakvorm (vorm) van 900 g en bak in een voorverwarmde oven op 180°C / 350°F / gasstand 4 gedurende 50 minuten tot een in het midden gestoken satéprikker er schoon uitkomt. het komt er schoon uit.

Richmond taart

Maakt een cake van 15 cm / 6 inch

225 g / 8 oz / 2 kopjes bloem voor alle doeleinden

een snufje zout

75 g / 3 oz / 1/3 kopje boter of margarine

100 g / 4 oz / ½ kopje basterdsuiker (superfijn)

2,5 ml / ½ tl bakpoeder

100 g krenten

2 losgeklopte eieren

Een beetje melk

Doe de bloem en het zout in een kom en wrijf de boter of margarine erdoor tot het mengsel op broodkruimels lijkt. Voeg suiker, bakpoeder en krenten toe. Voeg de eieren en voldoende melk toe om tot een stevig deeg te mengen. Verander in een ingevette en beklede pan van 15 cm/6 lb. Bak in een voorverwarmde oven op 190°C/375°F/gasstand 5 gedurende ongeveer 45 minuten tot een in het midden gestoken satéprikker er schoon uitkomt. Laat afkoelen op een grill.

Vruchtencake met saffraan

Maakt twee cakes van 450 g / 1 lb

2,5 ml / ½ tl saffraandraadjes

Heet water

15 g / ½ oz verse gist of 20 ml / 4 tl droge gist

900 g / 2 lb / 8 kopjes bloem voor alle doeleinden

225 g / 8 oz / 1 kopje basterdsuiker (super fijn)

2,5 ml / ½ theelepel gemalen kruidenmix (appeltaart)

een snufje zout

100 g / 4 oz / ½ kopje reuzel (bakvet)

100 g / 4 oz / ½ kopje boter of margarine

300 ml warme melk

350 g / 12 oz / 2 kopjes gemengd gedroogd fruit (fruitcake mix)

50 g / 2 oz / 1/3 kop gehakte gemengde (gekonfijte) schil

Snijd de saffraan af en week ze een nacht in 45 ml/3 el warm water.

Meng de gist met 30 ml / 2 eetlepels bloem, 5 ml / 1 theelepel suiker en 75 ml / 5 eetlepels warm water en laat 20 minuten op een warme plaats schuimen.

Meng de rest van de bloem en suiker met kruiden en zout. Wrijf reuzel en boter of margarine samen tot het mengsel op broodkruimels lijkt en maak een kuiltje in het midden. Voeg het gistmengsel, saffraan en vloeibare saffraan, warme melk, fruit en gemengde schil toe en meng tot een gladde massa. Doe in een kom met boter, dek af met vershoudfolie (plastic folie) en laat 3 uur op een warme plaats staan.

Vorm er twee broden van, leg ze in twee ingevette bakvormen van 450 g/1 lb en bak ze in een voorverwarmde oven op

220°C/450°F/gasstand 7 gedurende 40 minuten tot ze gaar en goudbruin zijn.

Vruchtensodacake

Maakt cake van 450 g / 1 lb

225 g / 8 oz / 2 kopjes bloem voor alle doeleinden

1,5 ml / ¼ theelepel zout

Een snufje zuiveringszout (baking soda)

50 g / 2 oz / ¼ kopje boter of margarine

50 g / 2 oz / ¼ kopje poedersuiker (superfijn)

100 g / 4 oz / 2/3 kop gedroogd fruit mix (fruit cake mix)

150 ml / ¼ pt / 2/3 kopje zure melk of melk met 5 ml / 1 tl citroensap

5 ml / 1 tl melasse (melasse)

Meng de bloem, het zout en de baksoda in een kom. Wrijf boter of margarine erdoor tot het mengsel op broodkruimels lijkt. Voeg suiker en fruit toe en meng goed. Verwarm de melk en melasse tot ze gesmolten zijn, voeg dan de droge ingrediënten toe en roer tot ze stijf zijn. Plaats in een ingevette 450g / 1lb broodvorm (vorm) en bak in een voorverwarmde oven op 190°C / 375°F / gasstand 5 voor ongeveer. 45 minuten goudbruin.

snelle fruitcake

Maakt een cake van 20 cm / 8 inch

450 g / 1 lb / 22/3 kopjes gemengde noten (fruitcake mix)

225 g / 8 oz / 1 kopje zachte bruine suiker

100 g / 4 oz / ½ kopje boter of margarine

150 ml / ¼ pt / 2/3 kopje water

2 losgeklopte eieren

225 g / 8 oz / 2 kopjes zelfrijzend bakmeel (gist)

Kook fruit, suiker, boter of margarine en water, dek af en laat 15 minuten sudderen. Laat het afkoelen. Meng de eieren en bloem, giet het mengsel in een ingevette en ingevette vorm van 20 cm en bak in de voorverwarmde oven op 150°C / 300°F / gasstand 3 gedurende 1,5 uur, tot de bovenkant goudbruin is en geslonken. . weg van de zijkanten van de doos.

fruitcake met hete thee

Maakt cake van 900 g / 2 lb

450 g / 1 lb / 2½ kopjes gedroogd fruit (fruitcakemix)

300 ml hete zwarte thee

350 g / 10 oz / 1¼ kopjes zachte bruine suiker

350 g zelfrijzend bakmeel

1 losgeklopt ei

Doe het fruit in de hete thee en laat het een nacht staan. Voeg de suiker, bloem en eieren toe en vorm een ingevette en met bakpapier beklede bakvorm van 900 g / 2 lb. Bak in een voorverwarmde oven op 160°C/325°F/gasstand 3 gedurende 2 uur tot ze gerezen en goudbruin zijn.

Vruchtencake met ijsthee

Maakt een cake van 15 cm / 6 inch

100 g / 4 oz / ½ kopje boter of margarine

225 g / 8 oz / 11/3 kopjes gedroogd fruit mix (fruit cake mix)

250 ml koude zwarte thee

225 g / 8 oz / 2 kopjes zelfrijzend bakmeel (gist)

100 g / 4 oz / ½ kopje basterdsuiker (superfijn)

5 ml / 1 tl zuiveringszout (zuiveringszout)

1 groot ei

Smelt de boter of margarine in een pannetje, voeg het fruit en de thee toe en breng aan de kook. Laat 2 minuten koken en laat afkoelen. Voeg de resterende ingrediënten toe en meng goed. Giet in een ingevette en ingevette bakvorm van 15 cm / 6 en bak in een voorverwarmde oven op 160 ° C / 325 ° F / gasstand 3 gedurende 1¼ - 1½ uur tot het stevig aanvoelt. Laat afkoelen, serveer in plakjes en bestrijk met boter.

suikervrije fruitcake

Maakt een cake van 20 cm / 8 inch

4 gedroogde abrikozen

60 ml / 4 el sinaasappelsap

250 ml / 8 fl oz / 1 kop donker bier

100 g / 4 oz / 2/3 kopje rozijnen (gouden rozijnen)

100 g rozijnen

50 g krenten

50 g / 2 oz / ¼ kopje boter of margarine

225 g / 8 oz / 2 kopjes zelfrijzend bakmeel (gist)

75 g / 3 oz / ¾ kopje gehakte gemengde noten

10 ml / 2 tl gemalen gemengde kruiden (appeltaart)

5 ml/1 theelepel oploskoffiepoeder

3 eieren, licht losgeklopt

15 ml / 1 lepel cognac of whisky

Week de abrikozen in sinaasappelsap tot ze zacht zijn en hak ze fijn. Stout, noten en boter of margarine in een pan doen, aan de kook brengen en 20 minuten laten sudderen. Laat het afkoelen.

Meng bloem, noten, kruiden en koffie. Roer het stevige mengsel, het ei en de cognac of whisky erdoor. Giet het mengsel in een ingevette en beklede taartvorm van 20 cm / 8 inch en bak in een voorverwarmde oven op 180 ° C / 350 ° F / gasovenstand 4 gedurende 20 minuten. Verlaag de oventemperatuur tot 150°C / 300°F / gasstand 2 en bak nog anderhalf uur tot een in het midden gestoken satéprikker er schoon uitkomt. Bedek de bovenkant tegen het einde van de kooktijd met vetvrij papier (was) als het te bruin wordt. Laat 10 minuten in de vorm afkoelen voordat je ze op een rooster legt om af te koelen.

Kleine fruitkoekjes

nu 48

100 g / 4 oz / ½ kopje boter of margarine, verzacht

225 g / 8 oz / 1 kopje zachte bruine suiker

2 eieren, licht losgeklopt

175 g dadels met kruiden, gehakt

50 g / 2 oz / ½ kopje gehakte gemengde noten

15 ml/1 el geraspte sinaasappelschil

225 g / 8 oz / 2 kopjes bloem voor alle doeleinden

5 ml / 1 tl zuiveringszout (zuiveringszout)

2,5 ml / ½ tl zout

150 ml karnemelk

6 geglazuurde (gekonfijte) kersen, in plakjes

Vruchtentaart Glazuur Met Sinaasappelen

Klop boter of margarine en suiker licht en luchtig. Klop de eieren beetje bij beetje los. Voeg dadels, walnoten en sinaasappelschil toe. Meng bloem, bakpoeder en zout. Voeg een alternatief mengsel van karnemelk toe en klop tot goed gehomogeniseerd. Giet in ingevette muffinvormpjes van 5 cm/2 inch en decoreer met kersen. Bak in een voorverwarmde oven op 190°C / 375°F / stand 5 gedurende 20 minuten tot een in het midden gestoken satéprikker er schoon uitkomt. Breng over naar een rooster en laat afkoelen tot het warm is, en bestrijk het dan met oranje glazuur.

Vruchtencake met azijn

Maakt een cake van 23 cm / 9 inch

225 g boter of margarine

450 g / 1 lb / 4 kopjes bloem voor alle doeleinden

225 g / 8 oz / 11/3 kopjes sultana's (gouden rozijnen)

100 g rozijnen

100 g krenten

225 g / 8 oz / 1 kopje zachte bruine suiker

5 ml / 1 tl zuiveringszout (zuiveringszout)

300 ml melk

45 ml / 3 el moutazijn

Wrijf de boter of margarine door de bloem tot het mengsel op broodkruimels lijkt. Voeg fruit en suiker toe en maak een kuiltje in het midden. Meng zuiveringszout, melk en azijn; het mengsel gaat schuimen. Meng de droge ingrediënten tot ze goed gecombineerd zijn. Giet het mengsel in een ingevette en beklede cakevorm van 9/23 cm en bak in een voorverwarmde oven op 200°C/400°F/gasstand 6 gedurende 25 minuten. Verlaag de oventemperatuur tot 160°C/325°F/gasstand 3 en bak nog anderhalf uur tot ze goudbruin en stevig aanvoelen. Laat 5 minuten in de vorm afkoelen en leg ze dan op een rooster om af te koelen.

Virginia whiskycake

Maakt cake van 450 g / 1 lb

100 g / 4 oz / ½ kopje boter of margarine, verzacht

50 g / 2 oz / ¼ kopje poedersuiker (superfijn)

3 eieren, gescheiden

175 g / 6 oz / 1½ kopje bloem voor alle doeleinden

5 ml/1 theelepel bakpoeder

Een snufje geraspte nootmuskaat

Een gemalen foeliepunt

120 ml / 4 fl oz / ½ portbeker

30 ml / 2 lepels cognac

100 g / 4 oz / 2/3 kop gedroogd fruit mix (fruit cake mix)

120 ml whisky

Klop de boter en suiker glad. Spatel de eierdooiers erdoor. Meng de bloem, bakpoeder en kruiden door elkaar en roer dit door het mengsel. Portwijn, cognac en gedroogd fruit toevoegen. Klop de eiwitten tot ze zachte pieken vormen en spatel ze dan door het mengsel. Giet in een ingevette bakvorm van 450 g / 1 lb en bak in een voorverwarmde oven op 160 ° C / 325 ° F / gasstand 3 gedurende 1 uur tot een in het midden gestoken satéprikker er schoon uitkomt. Laat afkoelen in de vorm, giet de whisky over de cake en laat hem 24 uur in de vorm staan voordat je hem aansnijdt.

Welse fruittaart

Maakt een cake van 23 cm / 9 inch

50 g / 2 oz / ¼ kopje boter of margarine

50 g / 2 oz / ¼ kopje reuzel (bakvet)

225 g / 8 oz / 2 kopjes bloem voor alle doeleinden

een snufje zout

10 ml / 2 theelepels bakpoeder

100 g / 4 oz / ½ kopje demerara-suiker

175 g / 6 oz / 1 kop gedroogd fruit (fruitcakemix)

Geraspte schil en sap van ½ citroen

1 ei, licht losgeklopt

30 ml / 2 el melk

Wrijf de boter of margarine en het reuzel door de bloem, het zout en het bakpoeder tot het mengsel op broodkruimels lijkt. Voeg suiker, fruit en citroenschil en -sap toe, meng eieren en melk erdoor en kneed tot een glad deeg. Vorm een ingevette en met bakpapier beklede cakevorm van 23 cm / 9 vierkant en bak in een voorverwarmde oven op 200°C / 400°F / gasstand 6 gedurende 20 minuten tot het gerezen en goudbruin is.

witte vruchtencake

Maakt een cake van 23 cm / 9 inch

100 g / 4 oz / ½ kopje boter of margarine, verzacht

225 g / 8 oz / 1 kopje basterdsuiker (super fijn)

5 eieren, licht losgeklopt

350 g / 12 oz / 2 kopjes gemengd gedroogd fruit

350 g / 12 oz / 2 kopjes sultana's (gouden rozijnen)

100 g dadels met kruiden, gehakt

100 g / 4 oz / ½ kopje geglaceerde (gekonfijte) kersen, gehakt

100 g / 4 oz / ½ kopje geglazuurde (gekonfijte) ananas, gehakt

100 g / 4 oz / 1 kopje gehakte gemengde noten

225 g / 8 oz / 2 kopjes bloem voor alle doeleinden

10 ml / 2 theelepels bakpoeder

2,5 ml / ½ tl zout

60 ml / 4 el ananassap

Klop boter of margarine en suiker licht en luchtig. Voeg geleidelijk de eieren toe en klop goed na elke toevoeging. Meng al het fruit, de noten en een beetje bloem tot de ingrediënten goed bedekt zijn met bloem. Meng het bakpoeder en het zout met de rest van de bloem en meng dit vervolgens afwisselend met het ananassap door het eimengsel tot een gladde massa. Voeg het fruit toe en meng goed. Giet in een ingevette en met bakpapier beklede cakevorm van 23 cm/9" en bak in een voorverwarmde oven op 140°C/275°F/gasstand 1 gedurende ongeveer 2½ uur tot een in het midden gestoken satéprikker er schoon uitkomt. Laat afkoelen in de vorm gedurende 10 minuten alvorens ze naar een rooster te verplaatsen om af te koelen.

appeltaart

Maakt een cake van 20 cm / 8 inch

175 g / 6 oz / 1½ kopjes zelfrijzend bakmeel

5 ml/1 theelepel bakpoeder

een snufje zout

150 g / 5 oz / 2/3 kopje boter of margarine

150 g poedersuiker (superfijn)

1 losgeklopt ei

175 ml melk

3 appels om te eten (als toetje), geschild, klokhuis verwijderd en in plakjes gesneden

2,5 ml / ½ tl gemalen kaneel

15 ml/1 eetlepel lichte honing

Meng bloem, bakpoeder en zout. Wrijf de boter of margarine erdoor tot het mengsel op broodkruimels lijkt en voeg dan de suiker toe. Voeg het ei en de melk toe. Giet het mengsel in een ingevette en met bakpapier beklede bakvorm van 20 cm/8 inch (de bakvorm) en druk de appelschijfjes er voorzichtig op. Bestrooi met kaneel en besprenkel met honing. Bak in een voorverwarmde oven op 200°C/400°F/gasstand 6 gedurende 45 minuten tot ze goudbruin en stevig aanvoelen.

Knapperige gekruide appeltaart

Maakt een cake van 20 cm / 8 inch

75 g / 3 oz / 1/3 kopje boter of margarine

175 g / 6 oz / 1½ kopjes zelfrijzend bakmeel

50 g / 2 oz / ¼ kopje poedersuiker (superfijn)

1 ei

75 ml / 5 el water

3 eetappels (als toetje), geschild, klokhuis verwijderd en in plakjes gesneden

Voor dressing:

75 g / 3 oz / 1/3 kop demerara suiker

10 ml / 2 tl gemalen kaneel

25 g / 1 oz / 2 el boter of margarine

Wrijf de boter of margarine door de bloem tot het mengsel op broodkruimels lijkt. Voeg de suiker toe en meng het ei en het water erdoor tot een soepel deeg. Voeg eventueel nog wat water toe als het mengsel te droog is. Rol het beslag uit in een cakevorm van 20 cm/8 inch (de bakvorm) en druk de appels in het beslag. Strooi er demerarasuiker en kaneel over en strooi er boter of margarine over. Bak in een voorverwarmde oven op 180°C/350°F/gasstand 4 gedurende 30 minuten tot ze goudbruin en stevig aanvoelen.

Amerikaanse appeltaart

Maakt een cake van 20 cm / 8 inch

50 g / 2 oz / ¼ kopje boter of margarine, verzacht

225 g / 8 oz / 1 kopje zachte bruine suiker

1 ei, licht losgeklopt

5 ml / 1 tl vanille-essence (extract)

100 g bloem voor alle doeleinden

2,5 ml / ½ tl bakpoeder

2,5 ml / ½ tl zuiveringszout (baking soda)

2,5 ml / ½ tl zout

2,5 ml / ½ tl gemalen kaneel

2,5 ml / ½ tl geraspte nootmuskaat

450 g dessertappels, geschild, klokhuis verwijderd en in blokjes gesneden

25 g / 1 oz / ¼ kopje gesneden amandelen

Klop boter of margarine en suiker licht en luchtig. Voeg geleidelijk het ei en de vanille-essence toe. Meng de bloem, bakpoeder, bakpoeder, zout en kruiden en roer dit door het mengsel tot een gladde massa. Voeg appels en walnoten toe. Doe in een ingevette en met bakpapier beklede vierkante vorm van 20 cm en bak in een voorverwarmde oven op 180°C / 350°F / stand 4 gedurende 45 minuten tot een in het midden gestoken satéprikker er schoon uitkomt.

cake met appelmoes

Maakt cake van 900 g / 2 lb

100 g / 4 oz / ½ kopje boter of margarine, verzacht

225 g / 8 oz / 1 kopje zachte bruine suiker

2 eieren, licht losgeklopt

225 g / 8 oz / 2 kopjes bloem voor alle doeleinden

5 ml/1 theelepel gemalen kaneel

2,5 ml / ½ tl geraspte nootmuskaat

100 g appelmoes (saus)

5 ml / 1 tl zuiveringszout (zuiveringszout)

30 ml / 2 el warm water

Klop boter of margarine en suiker licht en luchtig. Meng geleidelijk de eieren erdoor. Voeg bloem, kaneel, nootmuskaat en appelmoes toe. Meng de baking soda met het hete water en roer dit door het mengsel. Giet in een ingevette bakvorm van 900 g / 2 lb en bak in een voorverwarmde oven op 180 ° C / 350 ° F / gasstand 4 gedurende 1¼ uur tot een in het midden gestoken satéprikker er schoon uitkomt.

appeltaart met cider

Maakt een cake van 20 cm / 8 inch

100 g / 4 oz / ½ kopje boter of margarine, verzacht

150 g poedersuiker (superfijn)

3 eieren

225 g / 8 oz / 2 kopjes zelfrijzend bakmeel (gist)

5 ml / 1 tl gemalen kruidenmix (appeltaart)

5 ml / 1 tl zuiveringszout (zuiveringszout)

5 ml/1 theelepel bakpoeder

150 ml / ¼ pt / 2/3 kopje droge cider

2 kokende (taart)appels, geschild, klokhuis verwijderd en in plakjes gesneden

75 g / 3 oz / 1/3 kop demerara suiker

100 g / 4 oz / 1 kopje gehakte gemengde noten

Meng de boter of margarine, suiker, eieren, bloem, kruiden, zuiveringszout, bakpoeder en 120 ml cider goed door elkaar en voeg indien nodig de rest van de cider toe om een glad beslag te maken. Giet de helft van het mengsel in een ingevette en ingevette springvorm van 20 cm / 8 inch (de vorm) en bedek met de helft van de appelschijfjes. Meng suiker en walnoten en strooi de helft over de appels. Giet het resterende cakemengsel erover en bedek met de resterende appels en het resterende pecannotenmengsel. Bak in een voorverwarmde oven op 180°C/350°F/gasstand 4 gedurende 1 uur tot ze goudbruin en stevig aanvoelen.

Cake met appels en kaneel

Maakt een cake van 23 cm / 9 inch

100 g / 4 oz / ½ kopje boter of margarine

100 g / 4 oz / ½ kopje basterdsuiker (superfijn)

1 ei, licht losgeklopt

100 g bloem voor alle doeleinden

5 ml/1 theelepel bakpoeder

30 ml / 2 el melk (optioneel)

2 grote kokende (taart)appels, geschild, klokhuis verwijderd en in plakjes gesneden

30 ml / 2 eetlepels basterdsuiker (superfijn)

5 ml/1 theelepel gemalen kaneel

25 g / 1 oz / ¼ kopje gesneden amandelen

30 ml / 2 el demerara suiker

Klop boter of margarine en suiker licht en luchtig. Klop het ei geleidelijk los en voeg dan de bloem en het bakpoeder toe. Het mengsel moet behoorlijk stijf zijn; als het te sterk is, voeg dan een beetje melk toe. Giet de helft van het mengsel in een ingevette en met bakpapier beklede taartvorm van 23 cm / 9 inch, met een losse bodem, leg de appelschijfjes erop. Meng suiker en kaneel en strooi over de appelamandelen. Bedek met de rest van het cakemengsel en bestrooi met demerarasuiker. Bak in een voorverwarmde oven op 180°C/350°F/gasstand 4 gedurende 30-35 minuten tot een in het midden gestoken satéprikker er schoon uitkomt.

Spaanse appeltaart

Maakt een cake van 23 cm / 9 inch

175 g / 6 oz / ¾ kopje boter of margarine

6 Cox's Dinner (dessert) appels, geschild, klokhuis verwijderd en in plakjes gesneden

30 ml / 2 el appelbrandewijn

175 g / 6 oz / ¾ kopje basterdsuiker (superfijn)

150 g bloem voor alle doeleinden

10 ml / 2 theelepels bakpoeder

5 ml/1 theelepel gemalen kaneel

3 eieren, licht losgeklopt

45 ml / 3 el melk

Voor het glazuur:

60 ml / 4 el abrikozenjam (uit blik), gezeefd

15 ml / 1 el appelbrandewijn

5 ml / 1 tl maïsmeel (maïszetmeel)

10 ml/2 tl water

Smelt de boter of margarine in een grote pan en bak de appelstukjes op laag vuur gedurende 10 minuten, roer één keer om de boter te omhullen. Haal van het vuur. Snijd een derde van de appels in stukjes en voeg de appelbrandewijn toe, meng dan de suiker, bloem, bakpoeder en kaneel erdoor. Voeg eieren en melk toe en giet het mengsel in een ingevette en met bloem bestoven springvorm van 23 cm doorsnee. Leg de overige appelschijfjes erop. Bak in een voorverwarmde oven op 180°C/350°F/gasstand 4 gedurende 45 minuten tot ze gerezen en goudbruin zijn en beginnen te krimpen vanaf de zijkanten van de vorm.

Verwarm voor het glazuur de marmelade en cognac samen. Meng de maïsmeel met het water tot een papje en voeg de jam en cognac toe. Kook een paar minuten, al roerend, tot het klaar is. Bestrijk de warme cake en laat 30 minuten afkoelen. Verwijder de zijkanten van de cakevorm, verwarm het glazuur opnieuw en bestrijk het opnieuw. Laat het afkoelen.

Appel en rozijnen

Maakt een cake van 20 cm / 8 inch

350 g / 12 oz / 3 kopjes zelfrijzend bakmeel

een snufje zout

2,5 ml / ½ tl gemalen kaneel

225 g boter of margarine

175 g / 6 oz / ¾ kopje basterdsuiker (superfijn)

100 g / 4 oz / 2/3 kopje rozijnen (gouden rozijnen)

450 g kookappels (zuur), geschild, klokhuis verwijderd en fijngehakt

2 eieren

Een beetje melk

Meng de bloem, het zout en de kaneel en wrijf de boter of margarine erdoor tot het mengsel op broodkruimels lijkt. Voeg de suiker toe. Maak een kuiltje in het midden en voeg rozijnen, appels en eieren toe en meng goed, voeg een beetje melk toe om een stevig mengsel te maken. Plaats in een ingevette vorm van 20 cm / 8 en bak in een voorverwarmde oven op 180 ° C / 350 ° F / gasovenstand 4 gedurende ongeveer 1½ - 2 uur tot het stevig aanvoelt. Serveer warm of koud.

Ondersteboven appeltaart

Maakt een cake van 23 cm / 9 inch

2 tafelappels (als toetje), geschild, klokhuis verwijderd en in dunne plakjes gesneden

75 g / 3 oz / 1/3 kopje zachte bruine suiker

45 ml / 3 el rozijnen

30 ml / 2 el citroensap

Voor de taart:

200 g bloem voor alle doeleinden

50 g / 2 oz / ¼ kopje poedersuiker (superfijn)

10 ml / 2 theelepels bakpoeder

5 ml / 1 tl zuiveringszout (zuiveringszout)

5 ml/1 theelepel gemalen kaneel

een snufje zout

120 ml melk

50 g appelmoes (saus)

75 ml / 5 el olie

1 ei, licht losgeklopt

5 ml / 1 tl vanille-essence (extract)

Meng appels, suiker, rozijnen en citroensap en plaats op de bodem van een ingevette taartvorm van 23 cm / 9 cm. Meng de droge cake-ingrediënten en maak een kuiltje in het midden. Meng melk, appelmoes, olie, ei en vanille-essence en voeg de droge ingrediënten toe tot een gladde massa. Giet in de cakevorm en bak in een voorverwarmde oven op 180°C/350°F/gasstand 4 gedurende 40 minuten tot de cake goudbruin is en uit de zijkanten van de vorm krimpt. Laat 10 minuten in de pan afkoelen en keer dan voorzichtig om op een bord. Serveer warm of koud.

Abrikozenbroodcake

Maakt een reep van 900 g / 2 lb

225 g / 8 oz / 1 kopje boter of margarine, verzacht

225 g / 8 oz / 1 kopje basterdsuiker (super fijn)

2 eieren, goed losgeklopt

6 rijpe abrikozen, ontpit, geschild en gepureerd

300 g bloem voor alle doeleinden

5 ml / 1 tl zuiveringszout (zuiveringszout)

een snufje zout

75 g amandelen, gehakt

Klop de boter of margarine en de suiker los. Klop beetje bij beetje de eieren erdoor en voeg dan de abrikozen toe. Meng bloem, bakpoeder en zout. Voeg de noten toe. Giet in een ingevette en met bloem bestoven vorm van 900g en bak in een voorverwarmde oven op 180°C / 350°F / gasstand 4 gedurende 1 uur tot een in het midden gestoken satéprikker er schoon uitkomt. Laat afkoelen in de pan voordat je het uitpakt.

Abrikozen- en gembercake

Maakt een cake van 18 cm / 7 inch

100 g zelfrijzend bakmeel

100 g / 4 oz / ½ kopje zachte bruine suiker

10 ml / 2 tl gemalen gember

100 g / 4 oz / ½ kopje boter of margarine, verzacht

2 eieren, licht losgeklopt

100 g / 4 oz / 2/3 kopje kant-en-klare gedroogde abrikozen, gehakt

50 g rozijnen

Klop bloem, suiker, gember, boter of margarine en eieren tot een gladde massa. Voeg abrikozen en rozijnen toe. Giet het mengsel in een ingevette en met bakpapier beklede cakevorm van 18 cm en bak in een voorverwarmde oven op 180°C / 350°F / gasstand 4 gedurende 30 minuten tot een in het midden gestoken satéprikker er schoon uitkomt.

Versufte Abrikozentaart

Maakt een cake van 20 cm / 8 inch

120 ml / 4 fl oz / ½ kopje cognac of rum

120 ml / 4 fl oz / ½ kopje sinaasappelsap

225 g / 8 oz / 1 1/3 kopjes kant-en-klare gedroogde abrikozen, gehakt

100 g / 4 oz / 2/3 kopje rozijnen (gouden rozijnen)

175 g / 6 oz / ¾ kopje boter of margarine, verzacht

45 ml / 3 el lichte honing

4 eieren, gescheiden

175 g / 6 oz / 1½ kopjes zelfrijzend bakmeel

10 ml / 2 theelepels bakpoeder

Kook cognac of rum en sinaasappelsap samen met abrikozen en rozijnen. Meng goed, haal dan van het vuur en laat afkoelen. Roer de boter of margarine en honing erdoor en meng dan geleidelijk de eierdooiers erdoor. Voeg bloem en bakpoeder toe. Klop de eiwitten stijf en spatel ze dan voorzichtig door het mengsel. Doe in een ingevette en met bakpapier beklede bakvorm van 20 cm / 8 en bak in de voorverwarmde oven op 180°C / 350°F / gasstand 4 gedurende 1 uur tot een in het midden gestoken satéprikker er schoon uitkomt. Laat afkoelen in de doos.

Bananen taart

Maakt een taart van 23 x 33 cm / 9 x 13 inch

4 rijpe bananen, gepureerd

2 eieren, licht losgeklopt

350 g / 12 oz / 1½ kopjes basterdsuiker (superfijn)

120 ml / 4 fl oz / ½ kopje olie

5 ml / 1 tl vanille-essence (extract)

50 g / 2 oz / ½ kopje gehakte gemengde noten

225 g / 8 oz / 2 kopjes bloem voor alle doeleinden

10 ml / 2 tl zuiveringszout (zuiveringszout)

5 ml/1 theelepel zout

Klop bananen, eieren, suiker, olie en vanille. Voeg de resterende ingrediënten toe en meng tot gecombineerd. Plaats in een 23 x 33 cm / 9 x 13 inch cakevorm (bakplaat) en bak in een voorverwarmde oven op 180°C / 350°F / gasstand 4 gedurende 45 minuten tot een in het midden gestoken satéprikker er schoon uitkomt. komt er schoon uit.

knapperige bananencake

Maakt een cake van 23 cm / 9 inch

100 g / 4 oz / ½ kopje boter of margarine, verzacht

300 g / 11 oz / 11/3 kopjes poedersuiker (superfijn)

2 eieren, licht losgeklopt

175 g / 6 oz / 1½ kopje bloem voor alle doeleinden

2,5 ml / ½ tl zout

1,5 ml / ½ tl geraspte nootmuskaat

5 ml / 1 tl zuiveringszout (zuiveringszout)

75 ml / 5 el melk

Enkele druppels vanille-essence (extract)

4 bananen, gepureerd

Voor dressing:

50 g / 2 oz / ¼ kopje demerara-suiker

50 g cornflakes, geplet

2,5 ml / ½ tl gemalen kaneel

25 g / 1 oz / 2 el boter of margarine

Klop boter of margarine en suiker licht en luchtig. Klop de eieren geleidelijk los en voeg dan de bloem, het zout en de nootmuskaat toe. Meng zuiveringszout met melk en vanille-essence en roer dit door het bananenmengsel. Plaats in een ingevette en beklede 9-inch vierkante pan.

Meng voor de topping de suiker, cornflakes en kaneel en roer de boter of margarine erdoor. Strooi over de cake en bak in een voorverwarmde oven op 180°C/350°F/gasstand 4 gedurende 45 minuten tot hij stevig aanvoelt.

banaan paddestoel

Maakt een cake van 23 cm / 9 inch

100 g / 4 oz / ½ kopje boter of margarine, verzacht

100 g / 4 oz / ½ kopje basterdsuiker (superfijn)

2 losgeklopte eieren

2 grote rijpe bananen, gepureerd

225 g / 8 oz / 1 kopje zelfrijzend bakmeel (gist)

45 ml / 3 el melk

Voor vulling en topping:

225 g / 8 oz / 1 kop roomkaas

30 ml / 2 el zure room

100 g / 4 oz gedroogde weegbree-chips

Klop boter of margarine en suiker tot bleek en luchtig. Voeg geleidelijk de eieren toe en voeg dan de bananen en bloem toe. Roer de melk erdoor tot het mengsel een vloeibare consistentie heeft. Doe in een ingevette en met bakpapier beklede taartvorm van 9/23 cm en bak in een voorverwarmde oven op 180°C/gasstand 4 gedurende ongeveer 30 minuten tot een in het midden gestoken satéprikker er schoon uitkomt. Leg het op een grill en laat het afkoelen, snij het dan horizontaal doormidden.

Om de topping te maken, meng je de roomkaas en room en gebruik je de helft van het mengsel om de twee helften van de cake te bedekken. Verdeel de rest van het mengsel erover en garneer met bananenchips.

vezelrijke bananencake

Maakt een cake van 18 cm / 7 inch

100 g / 4 oz / ½ kopje boter of margarine, verzacht

50 g / 2 oz / ¼ kopje zachte bruine suiker

2 eieren, licht losgeklopt

100 g / 4 oz / 1 kopje volkoren (tarwe) bloem.

10 ml / 2 theelepels bakpoeder

2 bananen, gepureerd

Voor de vulling:

225 g kwark (zachte kwark)

5 ml/1 theelepel citroensap

15 ml/1 eetlepel lichte honing

1 gesneden banaan

Icing (banketbakkers) suiker, gezeefd, voor glazuur

Klop boter of margarine en suiker licht en luchtig. Voeg geleidelijk de eieren toe en voeg dan bloem en bakpoeder toe. Meng voorzichtig de bananen erdoor. Giet het mengsel in twee ingevette en beklede 7/8-inch pannen (pannen) en bak in de voorverwarmde oven gedurende 30 minuten tot het stevig aanvoelt. Laat het afkoelen.

Meng voor de vulling de roomkaas, citroensap en honing en verdeel dit over een van de cupcakes. Leg de plakjes banaan erop en bedek ze met de andere cake. Het wordt geserveerd bestrooid met poedersuiker.

Bananen-citroencake

Maakt een cake van 18 cm / 7 inch

100 g / 4 oz / ½ kopje boter of margarine, verzacht

175 g / 6 oz / ¾ kopje basterdsuiker (superfijn)

2 eieren, licht losgeklopt

225 g / 8 oz / 2 kopjes zelfrijzend bakmeel (gist)

2 bananen, gepureerd

Voor vulling en topping:

75 ml / 5 eetlepels citroengestremde melk

2 plakjes banaan

45 ml / 3 el citroensap

100 g banketbakkerssuiker, gezeefd

Klop boter of margarine en suiker licht en luchtig. Klop de eieren er geleidelijk door, klop goed na elke toevoeging, en voeg dan de bloem en bananen toe. Giet het mengsel in twee ingevette en beklede sandwichvormen van 7/18 cm en bak in een voorverwarmde oven op 180°C/350°F/gasstand 4 gedurende 30 minuten. Zet uit en laat afkoelen.

Bestrijk de koekjes met lemon curd en de helft van de plakjes banaan. Besprenkel de resterende plakjes banaan met 15 ml/1 el citroensap. Meng de rest van het citroensap met de poedersuiker tot een stevig glazuur. Smeer het glazuur op de taart en decoreer met plakjes banaan.

Chocoladetaart met bananen in de blender

Maakt een cake van 20 cm / 8 inch

225 g / 8 oz / 2 kopjes zelfrijzend bakmeel (gist)

2,5 ml / ½ tl bakpoeder

40 g / 1½ oz / 3 el chocolademelkpoeder

2 eieren

60 ml / 4 el melk

150 g poedersuiker (superfijn)

100 g zachte margarine

2 rijpe bananen, in stukjes

Meng bloem, bakpoeder en chocolademelk. Mix de overige ingrediënten ongeveer 20 seconden in een blender of keukenmachine; het mengsel ziet er gekruld uit. Giet de droge ingrediënten erbij en meng goed. Doe in een ingevette en met bakpapier beklede cakevorm van 20 cm / 8 en bak in een voorverwarmde oven op 180 °C / 350 °F / gasstand 4 gedurende ca. 1 uur tot een in het midden gestoken satéprikker er schoon uitkomt. Plaats op een rooster om af te koelen.

Pinda Bananencake

Maakt cake van 900 g / 2 lb

275 g bloem voor alle doeleinden

225 g / 8 oz / 1 kopje basterdsuiker (super fijn)

100 g / 4 oz / 1 kop hazelnoten, fijngehakt

15 ml/1 eetlepel bakpoeder

een snufje zout

2 eieren, gescheiden

6 bananen, gepureerd

Geraspte schil en sap van 1 kleine citroen

50 g / 2 oz / ¼ kopje boter of margarine, gesmolten

Meng bloem, suiker, noten, bakpoeder en zout. Klop de eidooiers los en voeg ze toe aan het mengsel met bananen, citroenrasp en -sap en boter of margarine. Klop de eiwitten stijf en spatel ze dan door het mengsel. Giet in een ingevette bakvorm van 900 g / 2 lb en bak in een voorverwarmde oven op 180 ° C / 350 ° F / gasstand 4 gedurende 1 uur tot een in het midden gestoken satéprikker er schoon uitkomt.

Bananen- en rozijnencake in één

Maakt cake van 900 g / 2 lb

450 g / 1 kg rijpe bananen, gepureerd

50 g / 2 oz / ½ kopje gehakte gemengde noten

120 ml / 4 fl oz / ½ kopje zonnebloemolie

100 g rozijnen

75 g / 3 oz / ¾ kopje haver

150 g / 5 oz / 1¼ kopjes volkorenmeel (tarwe)

1,5 ml / ¼ theelepel amandelessence (extract)

een snufje zout

Meng alle ingrediënten tot je een glad en nat mengsel krijgt. Plaats in een ingevette en beklede pan van 900 g met boter en bak in de voorverwarmde oven op 190°C / 375°F / gasstand 5 gedurende 1 uur tot ze bruin en gevuld zijn. In het midden gestoken en komt er schoon uit. Laat 10 minuten afkoelen in de vorm voordat je het uitpakt.

Whisky bananencake

Maakt een cake van 25 cm / 10 inch

225 g / 8 oz / 1 kopje boter of margarine, verzacht

450 g / 1 lb / 2 kopjes zachte bruine suiker

3 rijpe bananen, gepureerd

4 eieren, licht losgeklopt

175 g pecannoten, grof gehakt

225 g / 8 oz / 11/3 kopjes sultana's (gouden rozijnen)

350 g / 12 oz / 3 kopjes bloem voor alle doeleinden

15 ml/1 eetlepel bakpoeder

5 ml/1 theelepel gemalen kaneel

2,5 ml / ½ tl gemalen gember

2,5 ml / ½ tl geraspte nootmuskaat

150 ml whisky

Klop boter of margarine en suiker licht en luchtig. Roer de bananen erdoor en klop dan geleidelijk de eieren erdoor. Meng walnoten en rozijnen met een grote lepel bloem en meng de rest van de bloem met bakpoeder en kruiden in een aparte kom. Voeg de bloem afwisselend met de whisky toe aan het romige mengsel. Voeg walnoten en rozijnen toe. Giet het mengsel in een niet-ingevette cakevorm van 25 cm / 10 in (bakplaat) en bak in de voorverwarmde oven van 180 ° C / 350 ° F / gasovenstand 4 gedurende 1¼ uur tot het veerkrachtig aanvoelt. Laat 10 minuten in de vorm afkoelen voordat je ze op een rooster legt om af te koelen.

Bosbessen cake

Maakt een cake van 23 cm / 9 inch

175 g / 6 oz / ¾ kopje basterdsuiker (superfijn)

60 ml / 4 el olie

1 ei, licht losgeklopt

120 ml melk

225 g / 8 oz / 2 kopjes bloem voor alle doeleinden

10 ml / 2 theelepels bakpoeder

2,5 ml / ½ tl zout

225 g bosbessen

Voor dressing:

50 g / 2 oz / ¼ kopje boter of margarine, gesmolten

100 g / 4 oz / ½ kopje kristalsuiker

50 g / 2 oz / ¼ kopje bloem voor alle doeleinden

2,5 ml / ½ tl gemalen kaneel

Klop de suiker, olie en eieren tot ze goed gecombineerd en bleek zijn. Voeg de melk toe en meng de bloem, bakpoeder en zout erdoor. Voeg de bosbessen toe. Giet het mengsel in een met bloem bestoven bakvorm van 23 cm, meng de ingrediënten voor de topping en strooi over het mengsel. Bak in de voorverwarmde oven op 190°C / 375°F / stand 5 gedurende 50 minuten tot een in het midden gestoken satéprikker er schoon uitkomt. Het wordt warm geserveerd.

kersentaart

Maakt cake van 900 g / 2 lb

175 g / 6 oz / ¾ kopje boter of margarine, verzacht

175 g / 6 oz / ¾ kopje basterdsuiker (superfijn)

3 losgeklopte eieren

225 g / 8 oz / 2 kopjes bloem voor alle doeleinden

2,5 ml / ½ tl bakpoeder

100 g / 4 oz / 2/3 kopje rozijnen (gouden rozijnen)

150 g / 5 oz / 2/3 kopje geglazuurde (gekonfijte) kersen, in vieren

225 g / 8 oz verse kersen, ontpit (ontpit) en gehalveerd

30 ml / 2 el abrikozenjam (reserve)

Klop de boter of margarine zacht en voeg dan de suiker toe. Meng de eieren, dan de bloem, het bakpoeder, de rozijnen en de geglaceerde kersen. Plaats in een ingevette bakvorm van 900g / 2lb en bak in een voorverwarmde oven op 160°C / 325°F / gasstand 3 gedurende 2 1/2 uur. Laat 5 minuten in de container staan en breng het dan over naar een rooster om af te koelen.

Leg de kersen in een rij bovenop de taart. Kook de abrikozenjam in een kleine steelpan, zeef (zeef) en verdeel over de cake om te glazuren.

Cake met kersen en kokos

Maakt een cake van 20 cm / 8 inch

350 g / 12 oz / 3 kopjes zelfrijzend bakmeel

175 g / 6 oz / ¾ kopje boter of margarine

225 g / 8 oz / 1 kopje geglazuurde (gekonfijte) kersen, in vieren

100 g / 4 oz / 1 kopje gedroogde kokosnoot (versnipperd)

175 g / 6 oz / ¾ kopje basterdsuiker (superfijn)

2 grote eieren, licht losgeklopt

200 ml / 7 fl oz / ongeveer 1 kopje melk

Doe de bloem in een kom en wrijf de boter of margarine erdoor tot het mengsel op broodkruimels lijkt. Giet de kersen in de kokosnoot, voeg ze toe aan het suikermengsel en meng voorzichtig. Voeg de eieren en het grootste deel van de melk toe. Klop goed, voeg indien nodig meer melk toe om het een gladde druppelconsistentie te geven. Verander in een ingevette en met bakpapier beklede cakevorm van 20 cm/8 inch. Bak in een voorverwarmde oven op 180°C/gasstand 4 gedurende 1½ uur tot een in het midden gestoken satéprikker er schoon uitkomt.

Cake met kersen en rozijnen

Maakt cake van 900 g / 2 lb

100 g / 4 oz / ½ kopje boter of margarine, verzacht

100 g / 4 oz / ½ kopje basterdsuiker (superfijn)

3 eieren, licht losgeklopt

100 g / 4 oz / ½ kopje geglaceerde kersen (gekonfijt)

350 g / 12 oz / 2 kopjes sultana's (gouden rozijnen)

175 g / 6 oz / 1½ kopje bloem voor alle doeleinden

een snufje zout

Klop boter of margarine en suiker licht en luchtig. Voeg geleidelijk de eieren toe. Meng de kersen en rozijnen met wat bloem en voeg de rest van de bloem toe aan het zoutmengsel. Voeg kersen en rozijnen toe. Giet het mengsel in een ingevette en beklede bakvorm van 900 g / 2 lb en bak in een voorverwarmde oven op 160 ° C / 325 ° F / gasstand 3 gedurende 1 1/2 uur tot een in het midden gestoken spies eruit komt. het komt er schoon uit.

IJscake met kersen, noten

Maakt een cake van 18 cm / 7 inch

100 g / 4 oz / ½ kopje boter of margarine, verzacht

100 g / 4 oz / ½ kopje basterdsuiker (superfijn)

2 eieren, licht losgeklopt

15 ml/1 eetlepel lichte honing

150 g / 5 oz / 1¼ kopjes zelfrijzend bakmeel (gist).

5 ml/1 theelepel bakpoeder

een snufje zout

Voor decoratie:
225 g banketbakkerssuiker, gezeefd

30 ml / 2 eetlepels water

Een paar druppels rode kleurstof.

4 geglaceerde (gekonfijte) kersen, gehalveerd

4 walnoothelften

Klop boter of margarine en suiker licht en luchtig. Voeg geleidelijk de eieren en de honing toe en voeg dan de bloem, het bakpoeder en het zout toe. Giet het mengsel in een ingevette en met bakpapier beklede cakevorm van 18 cm/8 inch (de vorm) en bak in een voorverwarmde oven op 190 °C/375 °F/gasstand 5 gedurende 20 minuten tot het goed gerezen en stevig aanvoelt. Laat het afkoelen.

Doe de poedersuiker in een kom en voeg beetje bij beetje zoveel water toe dat er een smeerbaar glazuur (icing) ontstaat. Verdeel het meeste over de bovenkant van de cake. Kleur de resterende frosting met een paar druppels kleurstof en voeg een beetje poedersuiker toe als de frosting hierdoor te dun wordt. Besprenkel of besprenkel rood glazuur over de cake om deze in plakjes te snijden en versier met geglaceerde kersen en pecannoten.

www.ingramcontent.com/pod-product-compliance
Lightning Source LLC
Chambersburg PA
CBHW071237080526
44587CB00013BA/1662